할 일은 많지만
아직도 누워 있는
당신에게

KB192916

할 일은 많지만 아직도 누워 있는 당신에게

이광민 지음

무기력의
패턴을 끊어줄
아주 작은 루틴의 힘

위즈덤하우스

'하기 싫다'와 '해야 한다' 사이에서
힘들어하고 있나요?

한 부부의 이야기입니다. 아내는 정말 열심히 살죠. 낮에는 보험과 마사지 숍 일, 붕어빵 장사까지 3가지 일을 하며 거기에 집안일도 합니다. 그러면서 아이들까지 돌봐야 하죠. 그런데 막상 같이 사는 남편은 누워만 있습니다. 정말 하루 종일 누워만 있습니다. 누워서 스마트폰만 들여다보다가 늦은 밤이 되어서야 PC방에 가서 게임을 하고는 집으로 들어와 다시 누워만 있습니다.

이미 눈치 채신 분이 있을지 모르겠습니다. 이 이야기는 제가 출연하고 있는 방송 〈이혼숙려캠프〉에서 실제로 제가 상담했던 부부의 이야기입니다. 그런데 당시 상담을 하면서 느낀 점이 있습니다. 제 안에도, 우리 모두의 마음 안에도 저 부부 두 사람의 모습이 공존하고 있다는 것이죠.

항상 주어진 일 앞에서 우리는 갈등합니다. '지금 일어나서 저 일을 해야 하는데'와 '아, 그냥 지금 더 쉬고 싶다' 사이의 갈등이죠. 마음 안에 '부지런한 개미'와 '게으른 베짱이'가 있다고나 할까요? 우리는 이 개미와 베짱이의 갈등을 항상 마주하며 살아갑니다. 때로는 개미처럼 치열하게 살기도 하지만 때로는 베짱이처럼 늑장을 부리며 말이죠.

『할 일은 많지만 아직도 누워 있는 당신에게』는 제목처럼 할 일은 쌓여 있지만 여전히 아무것도 하지 않은 채 뭉그적거리는 우리를 위한 책입니다. 물론 사람마다 정도의 차이는 있겠죠. 우리 중의 일부는 정말 매 순간 무기력에 찌들어 잉여 인간처럼 인생을 허비하며 사는 경우도 있을 겁니다. 그렇지만 또 우리 중 상당수는 주어진 여러 일들을 해나가면서도 항상 뭔가 부족한 것 같고 게으른 것 같다는 자책을 안고 살기도 합니다. 결과는 다소 다를지라도 양쪽 모두의 마음속에선 이런 공통된 생각을 가지고 있습니다.

'그래도 나, 주어진 인생을 잘 살아보고 싶어.'

만약 마음 깊은 어느 곳에 이 생각조차 없다면 죄송하지만 이 책은 도움이 되지 않습니다. 이 책은 어디까지나 자신의 모습이 게으르고 무기력하지만 그래도 다시 열심히 살아보고 싶은 사람들을 위한 책이니까요.

본격적으로 시작하기 전에, 왜 우리 마음은 무기력에 지배되는지 돌아봅시다. 우선 '두려움'이 보입니다. 이 두려움은 '열심히 했는데 결과가 없으면 어떡하지?'처럼 불안을 기반에 두거나 '해봤자 어차피 안 될 텐데' 하는 식으로 비관주의의 영향을 받습니다. 노력했지만 실패했던 과거의 상처(트라우마)와 주변에서 반복된 비난이나 무시가 우리 마음의 열정을 꺼트렸을 수 있죠. 또 사회, 정치, 경제가 혼란스러울 때 환경의 불확실성은 우리가 삶에 적극적으로 뛰어드는 걸 주저하게 만들 수 있습니다. 언제 돌발적인 상황이 또 발생할지 모르니까요.

이러한 실제적인 원인 외에도, 우리 안에서 스스로 무기력을 만들어내는 원인도 존재합니다. 바로 '욕심'입니다. 아이러니하죠? 욕심이 있으면 더 열심히 해야 할 텐데 그 욕심이 오히려 방해한다니요. 욕심도 과하면 우리를 움츠러들게 합니다. 목표가 너무 높으니 어느 순간 할 엄두가 안 나는 거죠. '게으른 완벽주의자'처럼 우리는 완벽하게 잘하고 싶은 마음은 큰데 그러려면 더 많이 노력해야 하는 게 부담되어서 결국 게을러져 버리는 거죠. 한 발짝씩 나가는 성과보다 큰 한 방을 노리겠다는 욕심도 결국 우리가 움직이는 걸 방해합니다.

두려움이든 욕심이든 원인이 무엇이든 간에, 무기력에 대한 솔루션은 '일단 하고 보는' 겁니다. 성과가 없든, 내 성에 차지 않든, 죽이 되든, 밥이 되든 삶은 일단 살고 봐야 하죠. 우리의 삶에 대한 노력도 일단 하고 보는 겁니다. 참 단순한 솔루션이지만 말이 쉽지 그게 되면 우리가 이런 고민을 하겠습니까? 그래서 이 책에서는 우리가 '일단 하기' 위한 다음 솔루션으로 '작은 루틴'을 이야기하고자 합니다. 두려움과 욕심으로 포기하고 싶고 지칠 때, 꾸준히 내 삶을 붙잡고 이어 나가기 위한 작은 루틴 말입니다. 그리고 실제로 그 작은 루틴이 쌓여, 무기력에 찌든 일상과 완벽주의에 지친 우리의 중심을 잡아주는 생활 패턴을 만들어낼 수 있습니다.

루틴이 필요한 이유는 그것이 나를 지켜주기 때문입니다. 생활 패턴이 깨지면 우리의 마음, 즉 정신적 영역도 무너져 내립니다. 실제로 저는 진료할 때 생활의 리듬이 무너져서 우울증이나 번아웃 증후군이 발생한 사례를 자주 봅니다. 그럴 땐 무엇보다 수면, 식사, 신체 활동 등 일상의 패턴을 얼마나 일정하게 유지하려 노력하는지, 그리고 자신의 에너지를 잘 관리하고 있는지를 점검하는 것부터 시작합니다.

과음이나 과로를 하면 어김없이 일상의 루틴이 무너집니다. 생활의 리듬이 주변 환경에 따라 불규칙적으로 엉망이 된다면, 우리 스스로 인정해야 합니다. 이건 내가 몸과 마음을 제대로 돌보지 않았다는 거죠. 돌발적인 여러 환경요인이 있다 하더라도 다시금 하루의 일상을 고유한 패턴으로 다잡으려는 노력이 나의 몸과 마음을 적절히 돌아가게 하는 기본이 됩니다. 그리고 이 책에서는 그 방법으로 우리의 생활 영역, 사람들과의 관계 영역, 그리고 나 자신을 돌보기 위한 영역에서 삶의 중심축을 잡아줄 작은 루틴들을 이제부터 함께 나누어보려 합니다.

마지막으로 다소 쑥스러운 이야기를 덧붙이자면… 어느 자리에서든 항상 느끼는 것이지만 저는 여전히 어리숙한 사람입니다. 진료를 하고 강연을 하고 방송을 하고 이렇게 책도 쓰면서, 저의 이 모든 자리는 혼자서 이뤄낸 것이 아니라고 되뇌고 있습니다. 지금까지의 저, 그리고 앞으로 계속 살아갈 저는, 제가 바라보고 존경하고 제게 가르침을 주셨던 여러 인생 선배, 스승님이 계셨기에 가능한 일입니다. 제 마음 안에서 롤모델이자, 멘토이고, 때로는 친구이자 동료인 실로 감사한 분들입니다. 그분들에게 받은 귀한 영향을 이제는 저 역시 누군가에게 이어줘야 한다고 생각하는 걸 보면 저도 이제야 조금 성장했나 봅니다.

이 책이 나온 과정은 위즈덤하우스에서 저에게 총 네 번에 걸친 온라인 강연을 의뢰해준 데서 시작되었습니다. 그 강연의 내용을 정리해서 이 책이 만들어졌습니다. 글보다 말이 편한 저에게 이 제안은 괴로운 글쓰기의 과정을 훨씬 수월하게 해주었습니다. 덕분에 책의 문체도 저의 말투를 그대로 담고 있습니다. 게으른 저를 다그쳐 약 1년 만에 책으로 나왔으니 함께한 편집진은 참 뛰어나고 영악한 셈입니다. 그래서 더 귀하고 감사할 따름입니다.

하루하루 인생을 살아가면서 때로는 힘겹고 좌절할 때마다, 사랑하는 사람들을 가슴에 담아두고 바라봅니다. 누구보다 하늘나라에서 흐뭇하게 바라보고 계실 할머니와 그분의 이름을 이어받아 나처럼 애쓰며 살고 있는 딸에게 고마움과 사랑의 마음을 전하고 싶습니다. 그리고 이 자리를 빌려 부모님과 아내에게 존경하고 사랑한다는 말을 남깁니다.

차례

3장 상처받지 않고 나를 지키는 법

인간관계 루틴

4장 부정적인 생각과 감정에 휩쓸리지 않기 위해

마음 루틴

1장

나는 왜 아무것도
하기 싫을까?

오늘도 계속 누워 있는 당신에게

여러분은 일상생활 속에서 무기력을 얼마나 느끼나요? 진료실에 있다 보면 무기력 때문에 제게 찾아오는 분들이 꽤나 있습니다. 피로, 처짐, 귀찮음, 게으름, 우울, 번아웃 등 무기력은 이런 다양한 증상들과 함께 겹쳐서 나타나죠.

저 역시 무기력에 적지 않게 시달리곤 한다면 믿어지나요? "선생님 같은 분이 무기력이라니, 어울리지 않는데요?" 반문하는 목소리가 들리는 것 같네요. 맞습니다. 저는 요즘 그 어느 때보다도 활발하게 지내고 있습니다. 하루하루 환자 진료를 보면서도 대중 강연을 하고, 최근에는 방송 출연도 늘었습니다. 더 많은 사람과 소통하고 싶어 유튜브 채널도 운영하고 있죠. 겉보기에 저는 텐션 높고 즐겁고 에너지 넘치게 일하는, 무기력과는 거리가 먼 사람 같을지도 모르겠습니다.

그런데 일을 마치고 집으로 돌아오면 어느 순간 무기력증이 몰려옵니다. 모처럼 일찍 퇴근한 날에는 '저녁이 있는 삶'을 살겠다고 다짐하지만, 어느새 침대에 누워 스마트폰과 함께 뒹굴거리다가 잠을 잡니다. 일이 없는 주말에는 가족들과 밀도 있는 시간을 보내고, 산책도 하고, 책을 읽거나 글을 쓰면서 의미 있는 시간을 보내겠다고 계획하지만, 일요일 저녁이 되면 늘 같은 후회를 합니다. '또 아무것도 하지 않고 주말을 다 보내버렸네!'라고 말이죠.

아마 지금 이 책을 읽고 있는 많은 분들도 저와 비슷한 모습일 것 같습니다. 때로는 그런 자신을 자책하면서 말이죠. 누군가는 이런 모습을 보며 '게으르다'고 말할지도 모르겠습니다. 하지만 이는 무기력의 전형적인 모습입니다.

다만 '게으름'과 '무기력'은 그 의미에서 차이가 있습니다. 게으름이 '하기 싫다'라면, 무기력은 '할 수 없다'에 가깝거든요. 무기력이라는 단어의 사전적 의미는 '어떤 일을 감당할 수 있는 힘이 없음'입니다. 즉 무기력은 '여력이 없다'는 뜻이에요. 어떤 일을 해야 하는데 나에게 에너지가 없다고, 소진되었다고 느끼는 거죠.

진료실에서 만나는 많은 분들 역시 저와 거의 유사한 증상을 토로합니다. 차이가 있다면 그들은 무기력으로 인해 직업이나 대인 관계, 일상생활에 지장을 받는다는 거죠. 평소에 열심히 하던 일에도 의욕이 없고, 뭘 시작해도 거기에 온전히 집중하기 어렵고, 자꾸만 해야 할 업무를 미루게 된다고 말하는 직장인. 집안일이나 육아에 예전만큼 열심을 기울이지 않는다는 가정주부. 사람 만나는 것도 귀찮고, 새로운 것을 접하는 일도 부담스러워서 그냥 외출을 안 하게 된다는 어르신. "요즘 남자친구와의 사이가 무기력해진 것 같아요"라며 이성 관계에서 무기력을 느끼는 대학생. 가볍게는 꼭 해야 하는 일만 하고 그 외의 일은 회피하는 소극형에서 심하게는 일상생활에서 해야 하는 일까지 다 회피해버리는 은둔형 외톨이도 무기력이 가지는 여러 가지 모습입니다.

직업, 성별, 나이를 불문하고 이런 유사한 고민을 하는 모습을 보며 저는 이런 생각이 들었어요. '우리 사회가 무기력에 빠져 있는 걸까? 그렇다면 어떻게 극복해야 할까?' 그때부터 저는 무기력에 빠진 사람들을 좀 더 자세히 관찰하고 파악하기 시작했습니다.

'이렇게 사는 게 맞나?'

진료실을 찾은 한 분의 이야기를 조금 각색해보겠습니다.

A씨는 대단하지는 않더라도 우리가 일반적으로 '잘 산다'고 말하는 전형적인 프로필을 가지고 있습니다. 학벌도 나쁘지 않고 괜찮은 직장에 다니며, 배우자와는 때때로 싸우더라도 서로 존중하는 부부 관계를 유지하면서 건강한 아이도 키우고 있죠. 그런데 제게 이렇게 말하더군요. "남들은 저더러 참 열심히 살았다고 해요. 부러워하는 친구들도 있고요. 그런데 선생님, 제가 진짜 열심히 살아온 게 맞나요? 어느 날 정신을 차려보니 그냥 이 자리에 와 있는 느낌이에요. 제가 잘 살고 있는지 모르겠어요. 요즘은 혼자 있으면 정신이 멍하고 아무것도 하기가 싫어요."

A씨는 부모님이 공부하라고 해서 공부했고, 대학에 들어가 성실하게 학점을 쌓다 보니 지금의 회사에 입사했고, 직장에서 성과를 내기 위해 치열하게 일하다 보니 자연스럽게 승진도 했다고 해요. 그러다 어느새 결혼할 시기가 되었을 때 마침 곁에 꽤 오래 연애한 이성 친구가 있었고, 결혼을 했더니 양가 부모님이 아이도 원하시는 것

같아 아이를 가졌고, 정신없이 아이를 키우며 일하다 보니 지금 이 자리에 와 있더라는 고백이었습니다. 그렇게 흘러가는 대로 살다가 어느 순간 돌아보니 문득 '이게 내가 바라던 삶인가?' 싶은 마음이 들었다는 거예요.

A씨의 경우처럼 치열하게 살다가 어느 순간 스스로를 바라봤을 때 '어?' 하고 물음표가 찍히는 순간이 있습니다. 그러면서 뭔가 예전 같지 않다는 느낌이 들기도 하죠.

특히 내 몸도 예전 같지 않다고 느껴질 때가 있습니다. 예전에는 영양제 따위엔 관심도 없었는데 각종 비타민에 피로 회복에 도움이 된다는 영양제를 스스로 챙겨 먹고 있을 때, 밤새 놀든 일하든 다음 날에 쌩쌩했는데 이제는 조금만 무리하거나 잠을 못자도 바로 컨디션이 처질 때, 새로운 일을 시도하는 상황에서 호기심보다는 두려움이 앞설 때 '내가 나이가 들었구나' 하는 생각이 확 듭니다. 거울을 보면 외적인 매력도 좀 줄어든 것 같고요.

그때부터 마음이 요동치기 시작합니다. '언제까지나 젊고 에너지가 넘칠 줄 알았는데 나도 늙는구나. 인정과 성취를 위해 정말 열심히 노력해왔는데 내가 앞으로도 지금의 페이스대로 갈 수 있을까?' 하고 문득 두려워져요.

그런데 주변을 둘러보면 어때요? 나에게 의지하고 있

는 가족, 내 결정을 기다리고 있는 직장 후배나 직원들이 있어요. 부담스럽죠. 한편으로는 위기감도 생겨요. 혹시 내가 이미 정상을 찍고 내리막으로 넘어가고 있는 것처럼 비치지 않을까 하는 마음에 타인의 시선을 의식하게 되죠. 그러면서 진지하게 생각하게 되는 거예요. '내가 이때까지 살아온 인생이 진짜 내 삶이 맞나?' 하고요. 평생을 마치 소가 밭을 갈 듯 어릴 때는 부모님의 기대에, 커서는 직장 상사의 요구대로, 그렇게 타의로 꾸역꾸역 살아온 건 아닐까, 앞으로도 이렇게 산다면 내 인생은 뭔가 싶은 생각에 멘탈이 와르르 무너집니다.

중년의 사례를 예로 들었지만 청소년기에도 그럴 수 있어요. 부모가 제시하는 방향을 바라보며 열심히 달리고 있는데 어느 순간 '이게 무슨 소용인가' 하는 허무감이 들면서 삶의 주체가 누구인지 모르겠고, 삶의 의미나 가치, 정체성도 혼란스러운 상황이 오는 거죠. 청소년기에는 내 인생이 부모에게 이용당하는 것 같다는 생각에 오히려 반대 방향으로 튕겨가기도 합니다. 바로 반항이죠.

이렇듯 무기력은 나이가 많든 적든, 사회적 성취가 높든 낮든, 여유가 있든 없든 누구에게나 찾아올 수 있습니다. 정신과 의사인 저도 무기력할 때가 있으니까요. 하루

22

종일 기진맥진 진료를 보거나, 밤늦게까지 방송 내용을 검토하고 밀린 원고를 쓰거나, 긴장 속에 큰 강연을 치르고 난 뒤에는 '내가 뭘 위해 이렇게 달리는 거지?'라는 생각이 들면서 다 놔버리고 그냥 쉬고 싶다는 마음만 가득합니다. 그러면서 무기력에 빠지는 거죠..

무기력에서 빠져나올 수 있을까?

무기력은 '고갈'에서 옵니다. 어떻게 보면 '번아웃burnout'과도 맥을 같이한다고 볼 수 있습니다.

무기력에 빠진 우리는 소진된 느낌에서 벗어나기 위해 적극적으로 그 빈 공간을 무언가로 채우려 합니다. 체력을 보강하기 위해 운동을 하고, 마음의 공허함을 메우기 위해 매일 사람을 만나죠. 새로운 감각을 깨우기 위해 낯선 장소로 떠나기도 합니다. 몸과 마음을 푹 쉬게 할 수 있는 휴양지를 찾거나 꽤 긴 시간을 들여 등산을 하거나 도보 여행을 가는 거죠. 이처럼 공허함을 긍정적인 요소들로 채우는 경우도 있지만, 부정적인 요소로 채우는 사람들도 있어요. 대표적인 것이 술에 의존하는 거예요. 공허한 마음을 담배 연기에 담아내기도, 무료한 일상을 게임에 빠져 달래보기도 합니다.

이런저런 노력을 했는데도 회복이 되지 않으면 '이건 내가 어떻게 할 수 없나보다' 하고 포기해버리기도 합니다. 그렇게 좌절하면 무기력에 깊은 우울감까지 더해져 스스로 괴로워지고, 심해지면 저와 같은 정신건강 전문가를 찾아야 할 수도 있습니다.

앞서 말했듯 무기력은 누구에게나 찾아올 수 있고, 예상치 못한 순간에 우리를 덮칩니다. 그렇기에 무기력에 빠졌다고 스스로를 탓하거나 괴로워할 필요는 없어요. 원래 인생은 우리 마음대로 되지 않으니까요. 예측할 수 없는 일이 수시로 벌어지는 인생에서 어떤 힘겨운 상황이 찾아왔을 때 우리가 할 수 있는 일은 그저 '수습하는 것'뿐입니다.

무기력도 수습할 수 있냐고요? 당연히 그렇습니다. 저는 그간 진료실에서 무기력에 빠져 힘겨워하는 다양한 사람들을 만나면서 그들과 함께 무기력을 딛고 일어설 수 있는 방법을 찾아왔습니다. 그 결과 무기력을 탈출할 수 있는 가장 효과적인 방법이 바로 일상 속의 '아주 작은 루틴'을 만드는 것임을 알게 되었죠.

이제부터 저와 독자 여러분은 우리의 인생을 자꾸만 방해하는 무기력을 털어낼 수 있게 도와줄, '아주 작은 루틴'을 만드는 방법을 함께 찾아가려 합니다. 만약 그 루틴을 만드는 방법이 어렵고 힘들다면 '아주 작은'이라는 표현을 쓰지 않았을 겁니다. 아무리 효과적인 방법이라도 따라 하기 어렵다면 제가 이렇게 책을 쓰지도 않았을 테고, 여러분도 이 책을 읽을 필요를 느끼지 못했을 테죠. 그렇기에 앞으로 이야기해나갈 '아주 작은 루틴'을 만드는 과정은 그다지 어렵지 않고 누구나 따라 할 수 있다고 강조하고 싶습니다.

이 루틴을 만들기 위한 첫 번째 단계는 우선 일상을 지배하는 무기력증의 정체를 파악하는 것입니다. '아무것도 하기 싫다!'는 마음을 제대로 들여다보는 거죠. 그럼 지금부터 우리가 겪고 있는 일상 속 무기력의 증상을 살펴보고, 그 원인을 함께 찾아보겠습니다.

게으른 게 아니라
잘하고 싶은 겁니다

본격적인 이야기를 시작하기 전에 간단한 테스트를 하나 해보겠습니다. 다음의 문장을 읽고 1~5점으로 점수를 매겨보세요.

1점 전혀 그렇지 않다 2점 대체로 그렇지 않다
3점 가끔 그렇다 4점 대체로 그렇다 5점 항상 그렇다

1	나는 일반적으로 내가 해야 할 일의 시작을 미룬다.	
2	마감 시간을 앞두고 나는 종종 다른 일을 하느라 시간을 허비한다.	
3	여행을 갈 때, 기차나 비행기 시간에 맞춰 도착하기 위해 급하게 서두른다.	
4	나는 보통 꼭 필요한 물건일지라도 급박한 순간에 산다.	
5	생일 선물을 살 때, 나는 선물할 시간이 임박해서야 쇼핑을 한다.	
6	콘서트나 스포츠 경기에 가려 할 때 종종 제때 표를 사지 못해 놓친다.	
7	나는 자주 '그 일은 내일 할 거야'라고 말한다.	

* 출처: Lay, 1986

26

이 검사는 내가 주어진 일을 얼마나 미루는지를 알아보기 위한 겁니다. 스스로 시간 관리를 얼마나 잘 하는지를 간단하게 알아볼 수 있는 축약형 검사죠. 점수 합산 결과에 따라 15점 이하는 시간 관리를 잘하고 있는 사람, 16~24점은 시간 관리에 주의가 필요한 사람, 25점 이상은 시간 관리를 잘하지 못하는 사람에 속합니다.

'내일의 내가 하겠지'

많은 사람이 무기력의 증상 중 하나로 '아무것도 하기 싫고 자꾸만 일을 미룬다'는 점을 꼽습니다. 제가 무기력에 대해 이야기할 때 자주 언급하는 것도 "내일 아침에 해야지"의 함정입니다. 뜨끔한 분이 많을 거라 생각합니다.

여러분은 어떤 과제가 있으면 바로바로 해치우나요, 아니면 마감 시간 직전까지 미뤘다가 겨우 기한 내에 마무리하나요? 당당하게 이야기하긴 부끄럽지만 저는 후자에 속합니다. 12시 마감이면 11시 59분에 과제를 제출하거나 때론 이해받을 수 있는 정도 내에서 살짝 기한을 넘기기도 하는 사람이 바로 저거든요.

그렇다고 일을 미룬 채 마음껏 노느냐, 그건 또 아니에요. 할 일이 있으니 불안하고 조마조마하죠. 기한을 맞추지 못하면 어쩌지 걱정도 되고요. 몸은 쉬지만 마음은 쉬지 못하는 상태로 며칠을 보내는 거예요.

제 상황을 예로 들자면 이렇습니다. 제가 의과대학에 다닐 때는 매주 토요일 아침에 한 주 동안 배운 내용으로 시험을 봤습니다. 그런데 저는 꼭 벼락치기를 했어요. 월~화요일에는 맹탕 놀고, 수·목요일쯤에 내용을 조금씩 확인하고, 금요일에서야 공부를 시작했죠. 그런데 막상 금요일에도 저녁때까지는 공부에 집중을 못 합니다. 괜히 책상 정리도 하고, 별로 관심 없던 뉴스도 확인하고요. 그러다가 밤이 되면 '이제 진짜 공부해야지' 싶은 마음이 들죠. 그런데 책을 펼치면 막막해요. 언제 다 하나, 시간 안에 시험 범위를 한 번 읽어볼 수나 있을까 하는 마음에 그냥 포기하고 싶어지고요. 그래도 꾸역꾸역 하기는 합니다. 그런데 곧 눈꺼풀이 무거워지며 졸음이 쏟아집니다.

이때 드는 생각이 '내일 아침에 해야지'예요. 딱 4시간만 자고 새벽에 일어나서 바짝 집중하면 시험은 볼 수 있을 것 같거든요. 그렇게 알람을 10분 단위로 맞춰놓고 잠자리에 듭니다. 결과는 여러분의 예상대로입니다. 정신을 차려보면 늘 아침에 일어나던 그 시간이죠. 습관이라는 게 무섭거든요. 쉽게 거스를 수가 없어요.

이렇게 시험을 망친 뒤 '다음에는 꼭 미리 시작해야지' 다짐합니다. 하지만 여지없이 같은 행동을 반복해요. 그래도 이렇게 매주 시험을 치다 보니 요령이 생겨서 어느 순간부터는 차라리 금요일 오후에 일찍 자고 밤에 일어나서는 다음 날 아침 시험을 칠 때까지 시간에 빠짝 쫓기며 밤을 새워 공부했습니다. 이쯤 되면 발등에 불이 떨어지니 몰입감과 집중력도 확 오르더라고요.

이렇게 꼭 할 일이 있는데 자꾸만 딴짓을 하는 이유가 뭘까요? 무기력 때문에 기운이 없고 일을 하기가 싫어서 번번이 미루고, 그렇게 게을러지는 걸까요?

혹시 나는 게으른 완벽주의자?

일을 대책 없이 미루거나 아예 안 해버리는 경우가 아니라면, 자신에게 완벽주의 성향이 있는지 살펴볼 필요가 있습니다.

'완벽주의'는 말 그대로 일을 최대한 완벽하게 수행하려는 특성이에요. 중요한 것은 이 '완벽'의 기준이 주관적이라는 점입니다. 즉 자기가 정한 기준에 맞춰 최대한 잘해내야 한다고 생각하는 거죠.

완벽주의자들이 빠지는 함정이 있습니다. 보통 사람들

이 적당한 기준을 갖고 '이만하면 잘하고 있다'고 생각할 때, 훨씬 더 높은 기준을 설정하는 거예요. 그래서 완벽주의자들은 자신의 능력보다 목표를 높게 잡는 경우가 많습니다. 내가 실제로 할 수 있는 양보다 많거나 난이도가 높게, 해내기 버거운 목표를 세우고는 어떻게든 해내려 노력하죠. 힘이 들기는 히지만 잘 되었을 땐 확실한 성취감이 느껴지거든요.

문제는 생각대로 되지 않는 경우가 훨씬 많다는 겁니다. 굉장한 프로젝트를 기획하고 나서는 그 무게에 짓눌려 시작할 엄두를 내지 못하다가 마감이 다가오면 일을 제대로 하지 못한 자신을 비난합니다. '내가 말한 것도 실천하지 못하다니, 나는 게으르고 부족한 사람이야'라고 말이죠. 그렇게 자책하면서도 머릿속으로는 다음에 할 일을 구상합니다. 그러니 할 일은 많고, 시간은 항상 부족하고, 해결하지 못한 과제는 점점 쌓여가는 거예요.

일이 쌓이면 어떨까요? 무서워요. 내가 얼마만큼 몰입해야 그 일을 끝낼 수 있을지 누구보다 잘 아니까요. 그게 두려워서 또 일을 미루고, 마감이 임박해서야 쫓기듯 일을 하는 패턴이 무한 반복되는 거죠.

완벽주의가 일에만 적용되는 건 아니에요. 대인 관계

에서도 나타납니다. 혹시 '인간관계는 반드시 매끄럽고 원만해야 한다'고 생각하나요? 갈등이 생기는 것을 극도로 꺼리고, 서로 웃으며 잘 지내는 데 집착한다면 완벽주의가 내 인간관계에도 영향을 미치는 건 아닌지 돌아봐야 합니다. 이런 사람들은 문제가 생겨도 혼자 참아내요. 자기 의견이 있어도 좋은 관계를 해칠 것 같다 싶으면 속으로 삼키죠. 미움받을지도 모른다는 불안 때문에 자신의 손해나 희생이 따를 수 있는 상대방의 요구를 거절하지 못하고, 그저 묵묵히 삼키고 감수합니다. 그러다가 못 견디겠다 싶은 순간이 오면 혼자 상대를 손절해버립니다. 상대는 영문도 모른 채 친구가 어느 순간 떠났다고 느끼겠죠.

무엇이든 완벽하게 해내야 한다는 압박 때문에 아예 일을 시작하지 못하거나 끝없이 미루고, 그러면서 마음으로는 계속 불안해하는 모습, 관계를 맺을 때 상대와 불편해지는 것이 싫어 문제가 있어도 회피하는 모습, 이것이 바로 게으른 완벽주의자(회피형 완벽주의자)의 전형적인 특징입니다. 그런데 '반드시 잘 해내야만 한다'는 생각은 어디에서 올까요?

완벽주의의 중심에는 '불안'이라는 키워드가 자리하고

있습니다. 완벽주의는 인정받고자 하는 욕구가 강하거나 자기의 취약성을 상쇄해서 우월해지고 싶은 심리에서 나타나거든요.

비난받지 않기 위해서는 최선을 다해야 한다는 생각, 나의 취약한 부분이 드러나 열등감을 느끼는 상황을 피하고 싶다는 생각에서 완벽주의가 싹틉니다. 즉 불안에서 벗어나고자 완벽해지기를 택하는 거죠. 그러니 완벽주의가 곧 '완벽함'은 아니에요. 어떻게 보면 완벽주의는 '완벽하고 싶어 하는 사람들의 불안감'에 가깝습니다. 완벽주의 때문에 자꾸 일을 그르친다면, 내 안의 불안을 다스리는 방법을 찾아야 합니다.

게으른 완벽주의자를 위한 첫 번째 팁

일을 미루는 원인이 무기력은 아니지만, 일을 자꾸 미루다가 실망과 실패를 거듭하면 자기 비하로 인해 무기력에 빠질 수 있습니다.

아침에 눈을 뜨면 오늘 할 일이 쌓여 있는데 그 어떤 것도 제대로 하지 못할 것 같아 무기력해집니다. 아무것도 하고 싶지가 않은 거죠. 어쩔 수 없이 꾸역꾸역 하나씩 일을 해내지만 스트레스에 시달립니다. 분명 나는 과거에

비해 성장했는데도 행복하지가 않아요. 잘하고 싶은 마음 때문에 오히려 아무것도 못 하게 되는 이 함정에서 벗어나려면 어떻게 해야 할까요?

많은 완벽주의자가 자신만의 엄격한 기준을 버리지 못합니다. 자신이 가진 완벽주의가 실수 없이 뛰어난 성과를 만들어낸다고 생각하거든요. 하지만 과도하게 엄격한 기준은 오히려 우리의 창의성과 의욕을 잡아먹습니다. 자기 발전을 저해하죠. 탁월함을 추구하기 위해서는 실수를 하더라도 도전해야 하는데, 완벽주의자는 실수가 곧 실패라고 생각하기 때문에 조심하고 도전하지 않습니다. 완벽주의가 기존에 해왔던 방식을 완벽하게 맞추는 데 있으면 그 방식에서 벗어나는 창의성의 영역은 낮아지기 마련이고요. 또한 이들은 자신을 지나치게 비판적으로 보느라 인생을 즐기지 못합니다. 점점 사는 게 괴로워지고 무기력에 빠져듭니다.

물론 엄격하고 높은 기준이 나쁜 것만은 아닙니다. 때로는 우리를 더 성장하게 하고, 더 좋은 성과를 내게 하니까요.

우리에게 필요한 건 적당한 정도의 엄격함입니다. 만약 여러분이 스스로의 기준 때문에 지나친 스트레스를 받고 있다면, 혹은 큰 프로젝트를 기획했지만 자꾸만 미루고 있다면 나를 옭아매는 엄격한 기준에서 벗어날 필요가 있습니다.

엄격함이 어느 정도여야 일을 즐기면서도 성장할 수 있을까요? 99%가 아니라 30% 정도면 어떨까요? 30%라고 하니 '그 정도면 일을 못하는 거 아닌가' 하며 걱정되시나요? 그렇지만 저는 30% 정도가 부담 없이 일을 시작하고, 부족한 것은 채울 수 있는 수준이라고 생각합니다. 이 상황에서 방점은 잘하는 것보다 '일단 하는 것'에 있거든요. 그러니 평소에 들이는 시간의 30%만 써보세요. 평소에 10시간을 들여서 하려고 했던 일을 3시간 만에 끝내겠다고 마음먹는 거예요. 단번에 100의 퀄리티를 목표로 하는 게 아니라 우선 30 정도의 퀄리티만 만들겠다고 생각하고 일을 시작하는 겁니다. '사람들이 내게 기대하는 바가 크니까 잘 하고 말거야'라는 마음은 접어두고, 기간 내에 대략이라도 완성하는 겁니다.

그렇게 초벌로 완성을 하고 나면 부담과 압박이 확 줄거예요. 내 기준에는 부족하지만 어쨌거나 일단 일을 해냈다는 생각에 안도감과 기대감이 생길 겁니다. 여기서 흥미로운 점은 사실 완벽주의자들은 기준이 너무 높기 때문에 자기 기준에는 30% 정도의 결과물일지라도 사회적 기준으로는 이미 충분한 경우가 많다는 것입니다.

그리고 여력이 있다면 스스로의 만족을 위해 1~2시간 정도 수정하면서 부족한 부분을 채우면 더 좋겠죠. 일이 어쨌든 진행된다는 느낌이 들면 전보다 집중도 잘 됩니다. 빠른 일정 안에 일을 마친 뒤에는 마음 놓고 푹 쉬면서 다음 계획을 세울 수 있습니다. 그렇게 일이 익숙해지면 다음에는 40%로, 그다음에는 50%로 점차 완벽주의의 정도를 높여나갈 수 있습니다. 다만 완벽주의가 높아져서 일이 부담스럽게 느껴진다면 다시 낮춰야 하겠죠.

저도 이 방식으로 논문이나 책 원고를 작성했던 적이 있는데, 10시간을 생각하고 만든 것과 3시간을 생각하고 만든 결과물의 수준 차이가 생각만큼 크지 않아 놀랐습니다. 물론 시간을 들일수록 조금 더 섬세한 표현이 들어가거나 문장이 유려해진다는 장점은 있지만, 일단 빨리 완성해 두고 다시 다듬는 것이 결과물이나 시간적으로나 더 나았습니다. 아무래도 중요하지 않은 영역에 지나치게 신경을 쏟는 시간을 줄이고, 일단 일을 마무리하겠다는 데초점을 두면 일의 효율성이 높아졌기 때문일 겁니다. 결국 이 경험은 '내가 그동안 쓸데없는 데에 시간을 쓰며 스트레스를 받고 있었구나' 하고 깨닫는 계기가 되었죠. 기준을 낮추는 것이 곧 게을러지는 것, 포기하는 것이라 생각할 수도 있습니다. 하지만 막상 해보면 기준을 낮추는 것이 일을 더 수월하게 그리고 꾸준하게 할 수 있게 해주며, 일 자체를 즐기도록 만드는 방법임을 알게 될 거예요.

즐기는 사람을 이길 자는 없다고 하잖아요. 자신에 대한 엄격함을 덜어낼 때 우리는 인생을 기분 좋게, 지치지 않고 살아갈 수 있습니다. 무기력의 위협에서 벗어날 수 있음은 물론이고요.

무기력한 나 때문에
더 힘들 때

사는 게 재미없고, 그 무엇도 하기 싫고, 새로운 일에도 흥미가 없고…. 무슨 일을 하든 에너지가 생기지 않는 이런 상태를 우리는 흔히 '무기력하다'고 말합니다. 충분히 쉬고 잠을 자도 나아지지 않아요. 마치 큰 병에 걸린 것 같은 느낌이죠.

이런 무기력증은 사계절 중 유독 봄에 심한 경향이 있습니다. 일반적으로 봄이 오면 일상에 생기가 돌 것 같은데, 실제로는 그렇지 않은 경우가 많거든요. 봄이면 우리는 학교, 직장, 사회 등 곳곳에서 새로운 시작을 합니다. 그런데 이때 설레기만 할까요? 일본에서는 이 시기의 무기력증을 '5월의 병五月病, May blues'이라고 부릅니다. 일본은

신학기와 회계연도 시작이 4월부터거든요. 처음에는 의욕을 가지고 새로운 시작에 매진해보지만 몇 달 지나지 않아 어느 순간 기운이 떨어지죠. '잘할 수 있을까? 계획한 것을 이루지 못하면 어쩌지?' 하는 감정도 함께 올라오고요. 불안한 거예요. 우리 사회의 모습과 비슷하죠.

분명히 내가 할 수 있는 수준의 일입니다. 잘만 해내면 내게 새로운 기회가 될 것 같죠. 그런데 워낙 경쟁이 치열해서 열심히 해도 성과를 내기 어려운 환경이다 보니, '해봐야 별거 있겠어?' 하는 마음이 들면서 무기력증이 찾아옵니다. 봄이 오면 이유 없이 체력이 떨어지고 축축 처지는 것을 '춘곤증'이라고 하죠. 어쩌면 새로운 시작에 대한 두려움에서 오는 무기력증을 우리가 춘곤증이라고 표현하는 게 아닌가 합니다.

혹시 여러분도 무기력증에 빠져 있는 게 아닌지 불안한가요? 그렇다면 우선 내가 정말 무기력한지부터 알아봐야겠죠. 지금부터 무기력증을 알아챌 수 있는 세 가지 증상을 소개하겠습니다. 내가 여기에 해당하는지 생각해보세요.

무기력증을 알아챌 수 있는 3가지 증상

첫째, 기력 저하입니다. '기력氣力'이란 사람이 활동할 수 있는 정신과 육체의 힘을 말해요. 한자 그대로 마음의 기운[氣]과 몸의 힘[力]이죠. 그러니까 기력 저하는 온몸에 힘이 하나도 없고 정신도 흐릿해서 뭔가 새로 하고 싶은 의지가 없는, 그야말로 에너지가 고갈된 상태를 뜻합니다. 일을 많이 하면 누구나 기력이 저하돼요.

그때마다 에너지를 채워 넣고 주위를 환기하면서 다음 일을 해결해나가야 하죠. 즉 리프레시(회복)를 해야 합니다. 기력의 소모와 보충이 균형을 이뤄야 하죠. 그런데 그게 안 되는 상황이에요. 일에 너무 치여서 많이 소모되었는데 보충이 안 되니 어느 순간 기력이 고갈되며 아무것도 할 수 없는 상태에 빠지는 거죠.

둘째, 일상이 무너집니다. 하루하루를 살아가는 우리에게는 '일상'은 일종의 생활 패턴입니다. 이 책의 주된 주제이기도 한 '루틴'이라고도 할 수 있죠. 우리 삶의 영역은 사회적인 부분과 나 자신에 관한 부분으로 나눌 수 있는데, 일상생활은 후자에 속합니다. 남이 아닌 나를 위한 부분이죠.

무기력의 상태가 되면 일상생활이 무너집니다. 그렇게 되면 기력 저하를 채워줄 회복이 이루어지지 않아요. 무기력으로 아무것도 하기 싫고 하지 않게 됩니다. 어떻게 보면 이것도 쉬는 거지만 이럴 땐 아무리 쉬어도 계속 피곤합니다. 사회적인 역할은 억지로 해나갈 수 있다 하더라도, 내 삶의 또 다른 축이라고 할 수 있는 '나를 위한 영역'에 있어서 무기력해졌기 때문이에요.

셋째, 불만족스럽습니다. 내가 하는 일이 도무지 마음에 들지 않아요. 열심히 했는데도 결과물이 만족스럽지 않고, 예전처럼 잘하고 있다는 느낌이 들지 않습니다. 그 이유가 무엇일까요? 에너지의 효율성이 떨어졌기 때문이에요. 몸과 마음이 무기력하니 집중력은 떨어지고, 체력이 버텨내지 못합니다. 내가 평소에 쉽게 해내던 일들도 못하게 되는 거죠.

그렇게 실제 성과가 떨어지기도 하고, 그와 상관없이 내 마음이 부정적으로 바뀌었기 때문에 만사가 다 마음에 들지 않습니다. 소위 마음의 색안경을 낀 셈입니다. 내가 한 일이든 남이 한 일이든 그것을 평가하는 나의 판단이 왜곡되니 객관적인 성과에 관계없이 주관적인 성과는 떨어져버리는 거죠.

무기력 때문에 일상이 흔들린다면

저도 이런 무기력증에 빠질 때가 종종 있습니다. 주위

사람들은 느끼지 못할지라도 스스로는 확실히 변화를 느끼죠.

예를 들어 저는 진료를 볼 때 순발력을 발휘해 대처해야 하는 경우가 많습니다. 같은 진단명이라도 환자들의 상황은 저마다 다르니까요. 환자를 파악할 때, 이야기를 하다가 떠오르는 영감을 붙잡아야 할 때는 특히 집중력이 필요합니다. 그런데 무기력으로 인해 에너지의 효율성이 떨어진 상태에서는 같은 힘을 들여도 평소보다 진료를 잘 본 것 같지 않습니다. 그렇게 하루를 보내고 나면 평소 같지 않았던 나의 모습에 후회하고, 스스로 자책하게 됩니다.

그런 날이 며칠, 몇 달 계속되면 어떨까요? 일이 하기 싫어지겠죠. 열심히 해봐야 재미도 없고, 성과도 나지 않아 고통스럽기만 하니까요. 주변에서의 평가가 나빠질지도 모릅니다. 그러다 보면 사는 게 재미없어져요. 잠자는 시간 빼고 우리는 하루의 대부분을 일하며 보내는데, 그렇게 우리 삶의 많은 시간을 할애하는 일이 재미없어지면 인생 역시 따분해지겠죠.

일상생활에서도 영화나 드라마 보기, 게임, 쇼핑, 운동 등등 평소에 좋아했던 일에도 영 흥미가 붙지 않고요. 그러니까 더 이상 삶에서 긍정적인 에너지를 얻을 수가 없어져요. 아무리 일이 재미없더라도 내가 좋아하는 다른 어떤 활동을 하면 기분이 좋아지면서 활력을 얻잖아요. 그런데 나를 즐겁게 하는 일들조차 하기 싫어지는 거예요. 이렇게 무기력의 악순환이 시작됩니다.

이쯤 되면 "선생님, 그럼 저는 어떻게 해요? 무기력이라는 불치병에 걸린 건가요?" 하고 반문하고 싶을 수도 있겠습니다.

무기력은 기본적으로 정신의학적 질병에 해당하지 않습니다. 누구나 삶을 살아가며 느끼는 증상이자 장애물 같은 거죠. 물론 악순환이 계속 반복되고 심화되면 병이 될 수도 있어요. 삶에 타격을 주니까요. 여기에 조금도 쉴 수 없는 환경이라든가, 작은 실수도 용납하지 않는 가혹한 분위기가 더해지면 우울증으로 진행되기도 합니다. 하지만 통상적으로 우리는 누구나 어느 정도의 무기력증을 안고 살아가고, 그것이 우리 삶에 타격을 주지 않을 정도로 일정한 루틴을 통해 무기력을 관리할 수 있습니다. 누구나 충분히 조절하고 극복할 수 있어요. 우리가 일상적인 무기력에 대해 이렇게 이야기하고 있는 이유입니다.

무기력이 계속되면
우울증이 됩니다

제가 이 책에서 다루고자 하는 것이 병증은 아닙니다. 하지만 무기력이 계속되면 결과적으로 어떤 폐해가 나타날 수 있는지에 대해 짚어보는 시간은 필요한 것 같습니다. 물론 저는 앞으로 다룰 내용을 통해 여러분이 무기력으로 인해 심각한 단계까지 나아가지 않도록 도울 거예요.

무기력증이 심해지면

많은 사람이 이런 걱정 어린 질문을 합니다. "무기력증이 우울증으로 이어질 수도 있을까요?"

이 질문에 저는 답합니다. "네. 무기력증이 깊어지면 우울증이 됩니다."

무기력하게 보내는 시간이 계속되면 내 삶의 효율성이 떨어지고, 내가 원하는 결과물을 얻지 못합니다. 자연히 스스로를 평가하는 자존감이 떨어지고 외부의 평가도 같이 떨어지죠. '결국 이러다가 내 인생이 실패하고 마는 건 아닐까?' 하는 걱정과 불안에 휩싸입니다. 그렇게 부정적인 생각은 내 기분에도 영향을 주며 우울증으로 이어집니다.

문제는 이뿐만이 아닙니다. 젊은 시절일수록, 청소년기나 청년기의 만성적인 무기력증은 우리를 '은둔형 외톨이'로 만들 수도 있습니다.

처음에는 주변의 기대치가 너무 높아서 그 수준에 맞추기 위해 일을 너무 많이, 열심히 한 탓에 번아웃이 옵니다. 학교 친구나 직장 동료의 시기 질투나 비난 등으로 마음에 상처를 입고는 잠시 모든 걸 그만두고 집에서 쉴 수 있죠. 혹은 스스로 자책과 자괴감에 빠져 혼자 자신만의 동굴로 숨어들기도 합니다.

그런데 그런 혼자만의 시간에 무슨 생각을 하게 될까요? 주로 자신이 받은 상처를 곱씹어요. 그리해서는 상처가 아물지 않습니다. 생각하면 할수록 오히려 기억에는 각인되고, 그 기억은 더 생생하게 되살아날 뿐이죠. '역시

집 밖은 나에게 힘들고 괴로운 곳이야'라는 생각이 머릿속에 꽉 차게 됩니다. 스스로 다시 견디고 버티고 이겨낼 이유보다는 그렇게 하지 않을 이유를 계속해서 찾습니다.

스스로의 동굴 속에 갇힌 채 앞으로 어떻게 살아갈 수 있을까요? 하루하루 짧지 않은 시간을 무얼 하며 보내야 하죠? 머릿속에는 여러 생각이 뒤엉킵니다. 어느새 도태되어가는 자신을 바라보면 더욱더 위축되고 웅크려들죠. 몸은 움직이지 않은 채 머릿속으로만 여러 가지 삶의 옵션을 비교하는 거예요. 어떤 선택을 하려 해도 그 일의 단점이 먼저 보이니 결국 결정은 하지 못하고 시간만 흘려보내죠. 그것이 과거든 미래든, 실제 경험해보지도 않고 공상 속에서만 삶을 살아갑니다.

몇 달만 쉬어보자고 시작했던 휴식이 점점 길어지면 이제껏 사회적으로 쌓아왔던 성취나 경력이 어느 순간 과거형이 되어버리고, 더 이상 사용할 수 없게 돼요. 학업도 직장도 연봉도 대인 관계도 점점 내가 원하는 기대치와는 멀어져버립니다. 그렇게 점점 더 뒷걸음치면서 집 안으로 숨게 되는 거예요. 맞아요. 사회에서 격리된 채 스스로 안전하다고 생각하는 공간에 갇혀버리고 마는, '은둔형 외톨이'가 되는 겁니다.

누구도 이런 극단적인 회피와 무기력에 점철된 삶을 살고 싶지 않을 거예요. 누구나 사회에 섞여 들어가 사람들 속에서 협력과 경쟁을 하며 인생의 성과를 한 층 한 층 쌓아올리고, 자존감과 자기애를 만들어가는 삶을 살기를 원하죠.

저도 마찬가지예요. 무기력에 힘겨워하는 여러 케이스를 진료실에서 만나면서 그들이 자신의 삶을 회복하면서 살아갈 수 있도록 곁에서 도우면서도, 동시에 제 삶에 동반된 무기력을 잘 다스리고 관리하려 스스로 마음을 다잡곤 합니다. 저 역시 이 문제에 같이 동참해서 삶의 루틴이라는 무기력의 해결책을 찾아가고 있습니다.

당장 회복해야 하는 일상의 루틴들

일상의 모든 것을 회피할 정도의 심한 무기력이 오면 어떻게 해야 할까요? 자신의 헛된 기대나 주변의 비교 속에 모든 자신감을 잃은 상태에서 그래도 벗어날 방법이 있을까요? 이 질문에 대한 답은 하나뿐이에요. 그리고 이것은 일상의 루틴에서 가장 중요한 요소입니다. 바로 '억지로라도 하는 것'입니다. 일상이든 일이든 그 무엇이든 억지로 몸을 일으켜서 하는 것! 결과나 성과나 자신의 기대나 타인의 평가와 상관없이 일단 시동을 거는 것! 무의미해 보이더라도 하는 것! 이것이 루틴의 시작입니다.

누구나 번아웃이 와서 무기력해지면 아무것도 하기 싫어져요. 그럼에도 불구하고 꾸역꾸역 억지로라도 해야 합니다. 영화를 볼 때나 게임을 할 때도 처음부터 몰입감 있게 재미있는 건 드물어요. 맨 처음에 약간의 지루함을 극복하고, 어느 정도 시간과 노력을 투자해야 그때부터 재미있어지죠.

일종의 마중물 같은 겁니다. 펌프로 물을 끌어 올릴 때 무의미해보이더라도 한 바가지의 물을 먼저 부어야만 펌프질을 할 때 물이 콸콸 나올 수 있는 거죠. 무기력을 극복하기 위해서도 마찬가지입니다. 무의미해보이고 하기 싫어도 일상에서 억지로 무언가를 해야만 이후 자연스레 루틴을 잡아갈 수 있습니다.

일도 마찬가지예요. 성과가 나오지 않는다고, 기대를 채울 수 없다고, 하기 싫다고 안 해버리면 우리를 지배하는 무기력은 변하지 않습니다. 아무것도 안 했으니 당연히 결과는 0, 제로입니다. 성과 정도에 대한 일말의 가능성을 제로로 만들어버리는 거죠. 그러면 무기력증은 더 심해집니다. 그렇기에 성과와는 상관없이 일단 하는 거예요. 결과에 대한 가능성은 계속 살려두는 거죠. '그냥 포기해버릴래' 해버리면 우리는 영영 무기력에서 벗어날 수 없을 테니까요.

이렇게 성과에 상관없이 우리가 무작정 해야 하는 루틴을 몇 가지 소개합니다.

첫째는 운동입니다. 몸을 움직이는 거예요. 어떤 사람들은 무기력을 극복하기 위한 거라며 갑자기 힘든 운동을 시작하기도 합니다. 크로스핏 같은 거 말이에요. 혹은 배우는 데 시간과 장비가 필요한 골프나 멀리 떨어진 장소에서 해야 해서 자주 하기 힘든 운동인 등산, 암벽, 트레킹 같은 것을 계획하기도 하죠.

하지만 그저 일상의 무기력을 관리하기 위해 무작정 하는 운동이라면 거창한 것보다는 가벼운 운동이 좋습니다. 몸을 움직이면서 활력을 되찾을 수 있을 정도면 충분하죠. 점심을 먹고 30분간 빠른 걸음으로 근처 공원 산책하기, 출퇴근길에 엘리베이터 대신 계단으로 오르내리기와 같이 지금 당장 나가서 할 수 있을 정도로 쉬우면서도 우리 몸의 신진대사를 활성화시킬 수 있을 정도의 가벼운 운동이 좋습니다. 요즘은 집에서 유튜브를 보며 따라 할 수 있는 맨몸 유산소 운동도 추천합니다.

둘째는 휴식입니다. 이때의 휴식이란 아무것도 안 하고 멍하게 있는 게 아니라, 나에게 꼭 필요한 휴식을 말합니다. 우리에게 가장 중요한 휴식을 꼽는다면 뭘까요? 바로 '수면'입니다. 그런데 현대인들에게는 잠자는 것조차도 스트레스라고 합니다. 숙면을 취하고 싶지만 그러지 못해 괴로워하는 사람도 많은 현실이죠. 잠은 행동 패턴이기 때문에 무엇보다 규칙적인 수면 습관이 중요합니다. 일정한 시간에 자고 일어나기 위해 계속 노력해야 한다는 뜻이에요.

혹자는 나는 자고 싶어도 막상 침대에 누우면 잠이 안 와서 못 자는데, 너무 이상적인 이야기를 한다고 생각하는 사람도 있을 겁니다. 맞아요. 잠에 드는 일은 당연히 내 마음대로 안 됩니다. 그날의 컨디션이나 스트레스 상황에 따라 잠이 안 올 수도, 잠을 설칠 수도 있죠.

하지만 잠드는 것과 달리 일어나는 건 내가 어느 정도 조절할 수 있어요. 알람 시계를 맞추고 그 시간에 억지로라도 몸을 일으키면 되니까요. 전날 좀 늦게 잤더라도 정해진 시간에 일어나는 겁니다. 그러면 우리 몸은 부족한 수면 시간을 채우기 위해 다음 날에는 조금 더 일찍 잠들게끔 되어 있습니다. 수면 습관을 들이려면 이런 식으로 자는 시간보다는 일어나는 시간을 먼저 고정하는 것이 우선입니다.

셋째는 힘겹게 억지로 뭔가를 했다면, 그에 상응하는 긍정적인 보상도 있어야 합니다. 아무리 무기력한 상태이더라도 생각만으로도 행복해지는 일이 한 가지는 있을 거에요. 무기력증을 이겨내고 어떤 과제를 끝까지 해냈다면, 그 노력에 비례하는 선물로 스스로를 칭찬해주는 겁니다. 물건이건 취미건 여행이건 버킷 리스트 중 하나이건 동기부여를 할 수 있는 것이라면 무엇이든 좋아요.

다만 그 보상은 내가 희생하고 고생한 만큼이에요. 작은 노력에는 소소한 즐거움을, 큰 노력에는 그만큼 큰 보상이 따라야겠죠. 예를 들면 이렇습니다. 저는 낮에 운동을 한 날이면 그날 저녁은 제가 먹고 싶은 음식을 일부러 챙겨 먹습니다. 때로는 기름지고 자극적인 음식에 가볍게 술을 곁들일 때도 있죠. 운동하기 귀찮고 하기 싫은 날에도 저녁에 먹을 만찬을 떠올리면 그래도 해낼 맛이 납니다. 운동도 했으니 저녁을 먹을 때 죄책감도 덜하고요. 그럴 거면 왜 운동을 하냐고요? 앞에서도 이야기했지만 이건 다이어트를 위한 거창한 운동이 아니에요. 그저 내 건강을 유지하기 위한 꾸준한 운동이죠.

지금까지 '무작정 해야 하는 루틴'에 대해 간략히 소개했습니다. 그래도 이 부분은 중요한 내용이라 2장에서 보다 자세히 다뤄보겠습니다.

스몰 스텝, 루틴을 내 몸에 붙이는 법

앞서 이야기한 세 가지는 우리가 하기 싫고 귀찮고 힘겹더라도 일상의 삶을 살아가는 데 필요한 루틴을 만들 때 분명 도움이 되는 것들입니다. 이런 일상 루틴을 이어가면 생활이 달라집니다. 무기력에서 빠져나오는 수준을 넘어, 점차 자신감도 생기고 일상의 즐거움도 되찾게 되죠. 그런데 한 가지 주의할 점이 있어요. '루틴은 거창하게 시작할수록 반드시 실패한다'는 것입니다.

여러분이 지금 무기력에 빠져 있다고 가정해보겠습니다. 나는 힘이 없고 아무것도 하기 싫은 상태예요. 그런데 갑자기 대단한 걸 해낼 수 있을까요? 평소에 해온 루틴을 바로 다시 실행할 수 있을까요? 물론 해내는 사람도 있겠지만, 대부분 꾸준히 하지 못하고 결국 주저앉고 말 거예요. 그래서 내가 처한 무기력의 정도에 맞게 차근차근, 쉬운 행위부터 하면서 단계별로 조절해나가야 합니다. 왜 쉬운 것부터 하는 게 중요할까요? 여기에는 스몰 스텝small

step과 빅 스텝big step이라는 개념이 있습니다. 두 종류의 사다리가 있다고 가정해볼게요. 하나는 디딤판의 간격이 촘촘한 스몰 스텝 사다리이고, 하나는 디딤판의 간격이 넓은 빅 스텝 사다리입니다.

빅 스텝 사다리는 성큼성큼 몇 걸음만 디디면 목표 지점까지 올라갈 수 있어요. 대부분의 사람이 빅 스텝 사다리로 빠르게 꼭대기에 올라서고 싶을 겁니다. 혹은 주변 사람들에게 '있어 보이고' 싶어서, 자기 자신에 대한 교만으로 루틴을 거창하게 잡기도 합니다. 물론 컨디션이 좋다면 충분히 빅 스텝 사다리를 타고 올라갈 수 있을 거예요. 그런데 루틴이라는 사다리는 내 컨디션이 좋은 상태에서 필요한 게 아니라 무기력할 때 필요합니다. 무기력한 상태에서는 한 계단을 밟고 올라서는 일조차 너무나 힘들어요. 그러니 루틴은 스몰 스텝으로 선택해야 합니다.

스몰 스텝으로 한 칸 한 칸 오르다가 어느 정도 힘이 생기면 그때 걸음의 간격을 조금씩 늘려나가야 해요. 그래야 원래 가지고 있던 능력을 회복할 수 있고, 최종적으로 원하는 것을 얻을 수 있습니다. 루틴은 욕심을 내면 안 됩니다. 무기력이 언제든 다시 찾아올 수 있기 때문이죠. 조금씩 루틴의 강도를 높여나가다가도 다시 무기력이 찾아오면 다시 스몰 스텝 루틴으로 돌아와야 합니다. 에너지가 떨어지고 있는데 버거운 목표를 유지한다면 또다시 좌절하기 쉽습니다. 그러면 다시 무기력의 악순환에 빠져들고 말 거예요.

하나 더 강조하고 싶은 게 있습니다. 어떤 일을 최선을 다해 치열하게 한 뒤에는 일시적인 무기력이 찾아올 수 있는데, 지극히 정상적인 현상이라는 것, 그리고 그럴 때는 무기력함을 즐길 필요도 있다는 것을요. 그래서 정신없이 바쁜 하루를 보내고 집으로 돌아와 가장 좋아하는 일을 하며 '축 늘어지는' 시간도 때론 필요합니다. 제 경우에는 시원한 맥주 한 잔과 함께 맛있는 음식을 먹고, 편히 누워서 애니메이션 같은 영상물을 보며 뒹굴거리는 시간을 즐깁니다. 밤늦게까지 게임을 할 때도 있고요. 너무 빠지지만 않는다면 이런 무기력은 치열한 전쟁을 마친 나 자신에게 신물하는 달콤한 보상입니다. 무기력해지지 않기 위해 필요한 '무기력의 시간'이기도 하고요.

사소한 움직임이
나를 살린다

때때로 인생은 우리 마음대로 흘러가지 않아요. 잘 풀리는 것 같다가도 피할 수 없는 장애물을 만나면 고꾸라지기도 하는 것이 우리 삶이죠. 그럼에도 불구하고 중요한 건 뭘까요? 넘어져도 다시 일어나서 살아가는 겁니다. 그렇게 끊임없이 꾸역꾸역 살아내다 보면 어느덧 예전보다는 조금 더 나은 모습으로 살게 되죠. 그래서 우리는 무기력에 빠질 때에도 다양한 노력을 통해 벗어나려고 노력합니다.

그런데 이리저리 애를 써도 극복이 안 된다고 느낄 때가 있습니다. 그럼 '어쩔 수 없나보다' 하고 생각하면서 무기력을 극복하려는 시도를 포기해버릴 수도 있어요. 회피가 심해지면 끝도 보이지 않는 무기력의 동굴로 빠져버리게 되죠.

학습된 무기력

심리학 박사 마틴 셀리그먼Martin Seligman은 1960년대에 중요한 실험을 합니다. 오늘날 생각하면 잔인하게 느껴질 수 있는 동물 실험이에요.

두 개의 박스 안에 버튼이 하나 있고, 바닥에는 전기 충격 장치가 설치되어 있어요. 전기 충격이 가해지는 상황에서 A 상자는 버튼을 누르면 전기 충격이 꺼지고, B 상자는 버튼을 아무리 눌러도 전기 충격이 꺼지지 않아요. 이 상자 안에 개를 넣고 전기 충격을 가합니다. A 상자에 있는 개는 버튼을 누르면 전기 충격이 사라진다는 사실을 경험적으로 알게 돼요. B 상자에 있는 개는 버튼을 눌러도 전기 충격이 사라지지 않는다는 것을 알게 되고요. 그러니까 A 상자의 개는 스스로 전기 충격을 끌 수 있는 방법이 있음을 학습하고, B 상자의 개는 전기 충격을 조절할 수 없음을 학습하는 겁니다.

이렇게 학습된 개들을 이번에는 새로운 상자에 넣습니다. 이 상자의 바닥에도 전기 충격 장치가 설치되어 있어요. 그리고 상자의 끝에는 개가 뛰어넘을 수 있을 정도 높이의 난간이 있어요. 난간 밖의 공간에는 전기가 흐르지 않아요. A 상자에 있던 개와 B 상자에 있던 개를 여기에 넣으면 각각 어떤 반응을 보일까요?

적극적으로 전기 충격을 끌 수 있는 환경에 있었던 A 상자의 개는 어떻게든 벗어나려고 애써요. 그러다가 난간을 넘는 순간 그 너머에는 전기 충격이 없다는 사실을 알게 되고, 안전한 곳으로 몸을 피하죠.

하지만 전기 충격을 조절할 수 없는 박스에 있었던 B 상자의 개는 아무런 노력을 하지 않았어요. 얕은 난간만 넘으면 전기 충격이 없는 안전한 환경으로 갈 수 있음에도 불구하고, 그냥 고통을 견디며 머물러 있는 거예요. 이것이 바로 '학습된 무기력'이라는 개념입니다. 어떤 노력을 해도 전기 충격이라는 고통에서 벗어날 수 없었기에 지레 포기해버린 거예요. 좌절, 포기, 무기력이 학습된다는 것을 알 수 있는 실험이죠.

무기력은 힘이 세다

통상 우리는 나이가 들수록 무기력에 의한 위협을 더 많이 느낍니다. 살아가면서 우리는 B 상자의 개처럼 아무리 발버둥을 쳐도 벗어날 수 없는 상황을 맞닥뜨리곤 해요. 시간이 지나면서 상황이 바뀌면 거기에서 벗어날 수 있겠지만, 이런 좌절에 대한 경험은 경험할수록 점차 쌓여갑니다. 자연스럽게 내가 어떻게 할 수 없는 일들이 벌어지고, 그로 인한 상처와 실패, 부정적인 경험이 반복되면서 무기력도 학습되는 거죠.

요즘 진료실에 있다 보면 심한 무기력을 호소하는 청소년들을 자주 만납니다. 이 친구들은 어릴 적부터 힘겨운 삶을 살아서, 부정적인 경험이 너무 많이 쌓여서 무기력이 학습된 걸까요? 혹시 그들에게 트라우마가 있나 찾아보면 자잘한 상처는 있어도 막상 심각한 트라우마를 가진 경우는 별로 없었습니다. 자신의 경험보다는 주변 환경이 가진 경험의 영향을 받은 경우가 많았죠. 다시 말해 부모를 포함한 사회 어른들의 무기력한 모습을 지켜보며 자라온 아이들에게 무기력이 학습된 것입니다.

그렇다면 이렇게 생각해보면 어떨까요? 어른들 스스로 무기력이 삶의 과정에서 맞닥뜨리는 자연스러운 일이라 여기고, 그것을 어떻게든 버티고 수습하고 극복하는 모습을 아이들에게 보여주는 거죠. 그러면 그들도 어른들의 모습을 바라보며 자연스레 따라 할 겁니다. 그러니 요즘

58

청소년들이 무기력하다고 탓할 게 아니라, 먼저 어른들이 스스로의 모습을 돌아봐야 합니다. 우리 사회 전반에 무기력이 학습되어 삶의 가치와 의미를 잃고 헤매는 모습이 만연하면 아이나 어른 할 것 없이 모두가 무기력한 사회가 되는 거예요.

그러면 우리는 어떻게 해야 학습된 무기력에서 탈출할 수 있을까요? 다시 셀리그먼 박사의 실험으로 돌아가겠습니다. 실험 후반부에는 무기력이 학습된 B 상자의 개들을 다시 움직일 수 있는 방법을 여러 가지로 찾아봤습니다. 때려도 보고, 먹이로 유혹하기도 하고, 다른 개들이 난간을 뛰어넘어 전기 충격을 느끼지 않는 모습도 보여줬어요. 그럼에도 불구하고 학습된 무기력은 극복되지 않았습니다.

해답은 억지로라도 해보는 것

여러 가지를 시도한 끝에 찾아낸 유일한 방법은 '억지로 옮기기'였습니다. 연구자들이 무기력에 빠진 개를 들어 난간 밖으로 옮긴 거죠. 전기 충격을 벗어나도록 억지로 실행시킨 거예요. 그런데 한 번 억지로 옮긴다고 해서 학습된 무기력을 벗어나지는 못 했습니다. 다시 전기 충격이 나오는 칸으로 옮겨두면 여전히 포기해버렸죠. 두 번, 세 번, 그렇게 계속해서 난간 밖으로 옮기기를 반복하고 나서야 무기력이 학습된 개는 스스로 전기 충격을 피해 난간을 뛰어넘기 시작했어요.

이 실험을 통해 우리는 무엇을 알 수 있을까요? 학습된 무기력을 극복하려면 불편하고 귀찮고 힘겹더라도 어떻게든 억지로라도 무기력의 환경을 벗어나기 위해 움직여야 한다는 사실이에요. 실험 속 개는 연구진이 강제로 옮길 수 있었지만, 사람은 그럴 수 없죠. 우리는 스스로 몸을 움직여야 합니다.

그런데 몸을 아무렇게나 움직인다고 무기력에서 벗어날 수 있을까요? 아닙니다. 잘못된 방향으로 간다면 오히려 부정적인 경험에 부딪히면서 무기력이 심화될 수도 있어요. 무기력을 극복할 수 있는 방향으로, 지금 상황에서 벗어나려는 의지를 가지고 움직여야 합니다. 전기 충격에서 벗어나기 위해서는 난간을 넘어가야지, 전기가 흐르고 있는 공간에서 아무리 열심히 뛰고 걸어봐야 고통은 줄어들지 않아요.

다시 말해 무기력을 극복하려고 발버둥치는 것 그 자체가 목표가 아니라는 점을 기억해야 합니다. 극복한 이후의 목적지가 없다면 우리는 방황하고 표류할 수밖에 없어요. 당장은 무기력에서 벗어난 듯 느껴질지 몰라도 곧 또다시 무기력에 빠지고 말죠. 그러므로 당장의 노력으로 무기력에서 벗어났다고 느낄 때, 우리는 그 상황에 안주하지 않아야 합니다. 다음에 어디로 나아갈 것인지 끊임없이 삶의 방향을 찾아야 하죠. 이것을 '앵커링anchoring'이라고 합니다. 이에 대한 더 자세한 내용은 다음 장에서 알아볼 거예요.

한번 찾아온 무기력에서 벗어나기 힘든 이유는 우리가 그 상태에 길들여졌기 때문이며, 이런 학습된 무기력에서 벗어나기 위해서는 억지로라도 움직여야 한다는 점, 한두 번 해보고 포기하지 않고 여러 번 반복하며 그 행동을 일상의 루틴으로 만들어야 한다는 점, 그리고 이렇게 루틴을 통해 당장의 무기력을 극복했다 하더라도 내 삶이 어디를 향해 나아갈 것인지 계속해서 방향을 찾아야 한다는 점을 기억해야 합니다.

무기력한 나를 바꿔줄
'아주 작은 루틴'의 힘

앞에서 여러 번 '루틴'이라는 단어를 사용했습니다. 여러분은 이 말을 주로 어디서 들어봤나요? 아마 스포츠 중계에서 많이 들어봤을 거예요.

삼성 라이온즈에서 활약했던 전 프로야구 선수 박한이는 남다른 루틴을 가졌습니다. 이 선수가 타석에 들어서면 굉장히 분주했어요. 장갑을 벗었다 끼고, 모자를 만지고, 손을 털고, 발을 구르고…. 타석에 설 때마다 이 행동을 반복하고 나서야 타격 자세를 취했죠.

일본의 축구 선수 마키노 토모아키槇野智章도 특이한 루틴을 가진 걸로 유명해요. 그는 패널티킥 상황에서 마치 주문을 외우는 듯 특이한 동작을 하는데, 자신이 상대방보다 강하다고 자기 최면을 거는 루틴이라고 합니다.

특정 행동을 반복하면서 경기 상황에서 부담을 덜어내고 목적을 위해 몸을 곧바로 움직일 수 있도록 정신을 가다듬는 거예요. 그렇다고 우리도 일상생활에서 어떤 일을 시작하기 전에 이런 화려한 동작을 반복적으로 해야 한다는 건 아닙니다. 제가 이야기하고자 하는 루틴은 겉으로 보이는 액션 그 자체가 아니라, 우리가 처한 환경에서 어떤 행동이 자연스레 이루어지는 과정이에요. 즉 어떤 상황에 처했을 때 거의 자동으로 특정한 행동을 하도록 습관을 들이자는 뜻입니다.

효율적인 루틴 만들기

알람이 울리니 일어나고, 학교나 회사에 가야 하니 집을 나서고, 일이 주어지니 처리하고, 피곤에 절어 쓰러져 잠들고, 다음 날에도 알람 소리에 일어나 다시 하루를 시작하고, 그렇게 한 달을, 1년을 생활하고… 이렇게 비슷한 하루하루를 사는 것이 인생의 목표라면 특별히 힘들 일이 없을지 모르겠어요.

그런데 누구나 그렇게 살고 싶지 않을 거예요. 열심히 일해 인정받고 성공하고 이왕이면 경쟁에서 이기고 싶죠.

그러니까 일상에 로딩이 많이 걸리는 거예요. 그렇게 살다 보면 책임질 일도 많기에 마음의 부담과 버거운 짐이 생기죠. 우리는 하루하루 똑같이 반복되는 일상이 아니라, 때로는 여유 있지만 때로는 긴장하고 무리하기도 하면서 다이내믹한 일상을 살아갑니다.

불규칙적인 일상 속에서 부담과 짐에 짓눌려 무기력에 빠지지 않기 위해서는 일상을 효율적으로 재정비해야 합니다. 그래야 돌발적인 상황으로 일상의 리듬이 무너지더라도 다시금 다잡을 수 있어요. 이 효율성을 높여주는 것이 바로 루틴입니다. 특정 시간과 장소에서 내가 의식하기도 전에 내 몸이 먼저 반응한다고 생각해봅시다. 얼마나 일상이 효율적일까요?

아침 루틴이 몸에 밴 한 직장인의 일상 루틴을 예로 들어보겠습니다. B씨는 밤 11시쯤이면 자연스럽게 잠이 들어요. 그리고 아침 7시가 되면 알람이 울리지 않아도 눈을 뜨죠. 수면 시간이 늘 충분하고 일정하기 때문에 몸이 충분히 회복되어 개운하게 하루를 시작할 수 있어요. 사무실에 출근하면 커피 한 잔을 뽑은 다음 자리에 앉아 이메일을 확인해요. 중간에 예기치 않게 동료를 만나더라도 수다를 떨지 않고 간단히 목례만 하고 자리로 돌아오죠.

그 다음 노트에 오늘 할 일을 죽 적어요. 이 루틴을 완료하고 본격적인 업무를 시작하는 시간은 9시입니다. B씨는 이렇게 평일 아침 회사 업무 준비를 위한 루틴을 만들었어요.

얼마 전 한 유튜브 채널에서 비슷한 이야기를 하신 분을 봤습니다. 강풀 작가님은 새벽 4시 반에 출근하는데 작업실에 들어가면 거두절미하고 바로 작업을 시작한다고 해요. 무슨 일이 있더라도 시작을 한다는 거죠. '무조건 일단 시작한다'는 것이 그의 루틴인 것입니다.

이분들은 머리로 이것저것 따지기 전에 몸이 자연스럽게 움직이도록 훈련했기 때문에 특정한 시간과 장소에서 일상의 효율성이 장착된 거죠. 루틴이 꾸준하게 쌓이면 머리보다 몸이 먼저 반응합니다. 그만큼 우리 일상의 버거운 과제들을 처리하는 속도가 빠르고 원활해지는 거예요.

기준이 되어줄 일상의 작은 루틴들

아무리 훌륭한 루틴을 만들었더라도 돌발적인 변수 앞에서는 무너질 수밖에 없어요. B씨가 아침 회사 루틴을 실행하던 중에 갑자기 상사가 일을 맡겼다고 생각해보세요.

"지금 저는 루틴을 실행 중이니 20분 뒤에 다시 지시해주세요"라고 말할 수는 없는 노릇이잖아요. 이건 사소한 예이지만 현실에서는 갖가지 다이내믹한 변수가 매일 등장합니다.

내가 계획했던 대로 일이 풀리지 않고, 예기치 못했던 일이 훅 들어오고, 갑자기 어떤 상황이 발생해서 내가 원래 계획한 일보다 돌발적인 일을 먼저 처리해야 하면 일상의 리듬은 깨져버립니다. 그런데 이럴 때 더욱 힘을 발휘하는 것이 루틴입니다. 루틴은 우리 삶에 효율성을 부여하기 위한 '기준점'을 찍어주거든요. 즉 돌발적인 상황으로 인해 일상이 흔들리더라도 루틴이라는 기준점이 중심을 잡고 있으니 다시 원래의 자리로 돌아오기 수월해지는 거죠.

거창하지 않은, 작은 일상의 루틴은 외부 상황에 영향을 덜 받기 때문에 더 잘 유지할 수 있습니다. 거창한 것일수록 그만큼 외부 상황에 의해 훼손되기 쉬워요. 중간에 다른 일이 끼어들더라도 꾸준히 유지할 수 있는 생활 패턴, 그것이 루틴입니다. 작은 루틴들을 유지하면 내가 장애물에 걸려 넘어져 생활 리듬이 무너지더라도 루틴을 활용해 쉽게 일상으로 돌아올 수 있어요. 매일 실천하는 몇 개의 루틴을 기준점으로 삼을 수 있으니까요.

우리가 어린 시절 체육 시간이면 뭐부터 했죠? 기준부터 잡았어요. 선생님의 지명에 따라서 한 학생이 손을 들고 "기준!"이라고 외치면 운동장 여기저기에 흩어져 놀던 아이들도 일순간 그 주위로 달려와 줄을 맞춰 섭니다. 내 일상이 돌발적인 상황 때문에 흐트러지더라도 루틴이라는 기준만 있으면 다시 돌아와 효율성을 획득할 수 있습니다.

우리의 건강을 지키는 루틴

정신의학의 다양한 영역 중에서도 제가 세부 전공으로 박사학위를 받은 분야는 '암 환자의 정신 건강'입니다. 지금도 다양한 암 환자들을 진료실에서 만나고 있죠. 암 선고를 받고 나면 매우 두렵습니다. 치료받는 기간은 몸과 마음이 다 힘겹죠. 그들 중에는 그냥 모든 것을 포기하고 무기력에 빠지는 사람이 있는 반면, 어떻게든 평소의 건강한 생활을 그대로 유지하려고 노력하는 사람도 있어요.

두 부류 중 어느 쪽이 치료 결과가 좋을까요? 암 치료를 하는 와중에도 평소의 건강한 식습관, 수면 습관, 운동 습관, 사회적 관계 등을 유지하는 사람들, 다시 말해 생활

속에서 기준점을 가지고 이전의 일상을 계속 유지하는 사람들의 치료 결과가 더 좋았습니다.[1] 우리 몸과 마음은 아주 긴밀하게 연결되어 있어요. 일상에 혼란이 생겨서 불확실성이 커지고 정서적으로 불안감을 느끼면 몸도 함께 반응합니다. 교감신경이 활성화되어 긴장되고, 가슴이 두근거리고, 몸이 뻐근해지죠. 그러면 부신피질에서 '코티졸 cortisol'이라는 스트레스 호르몬을 분비하기 시작합니다. 이는 우리 면역 체계를 엉망진창으로 만들어요. 일상의 혼란이 우리 정서에 타격을 주고, 정서적인 타격은 몸에 타격을 주는 겁니다.

과거에는 우리의 건강은 '항상성을 유지하는 것', 즉 호메오스테시스 homeostasis를 기준으로 판단했습니다. 혈압 120에 80, 공복 혈당 124 미만, 체온 36.5도와 같은 식으로 생체 지수가 항상 일정하게 유지되는 상태를 전통적인 건강이라고 생각했죠.

그런데 지금은 그렇지 않아요. 우리 몸은 환경에 영향을 받을 수밖에 없다는 사실을 알게 되었거든요. 게다가 이 환경은 끊임없이 바뀌죠. 내가 어떤 일을 열심히 해야 할 때가 있고, 조금 게으름을 피워도 될 때도 있어요. 주변에 나를 괴롭히는 사람이 있을 때가 있고, 편한 사람들과 함께 지낼 때도 있죠. 변화에 발맞추어 활동적으로 살아야 할 때가 있고, 차분하고 정적으로 살아야 할 때도 있습니다. 즉 환경에 따라 나의 상태도 바뀐다는 거예요. 그래서 요즘은 항상성만으로 건강 여부를 판단하지 않고, '변화하는 상황에 내가 적응하는 것', 즉 알로스테시스allostasis까지를 건강의 범주로 봅니다. 그런 의미에서 WHO에서도 신체 건강과 정신적인 건강 그리고 나를 둘러싼 사회적인 건강, 이 세 영역이 균형을 이룬 상태를 '진정한 건강'이라고 정의하고 있습니다.

우리가 일상의 루틴을 가지고 있을 때, 우리의 몸과 마음은 여러 가지 사회적 환경에 따라 흔들리더라도 결국 원래의 안정된 상태로 되돌아올 수 있습니다. 먹고 자고 일할 때뿐만 아니라 스트레스를 받을 때, 인간관계를 맺을 때, 힘든 상황에 처할 때도 일상의 소소한 루틴은 여러 상황에 대처할 힘을 주며 삶을 끊임없이 살아내는 데 도움이 되죠.

이렇게 루틴이 중요하다는 것을 확인했어요. 그래서 당장 오늘부터 매일 책도 읽고, 일기도 쓰고, 운동도 하고, 담배도 끊고, 술도 줄이고, 일찍 자고 일찍 일어나며 일상의 루틴을 다잡아야겠다고 마음먹습니다. 그런데 어때요?

일주일, 아니 단 사흘이라도 이 루틴을 유지할 자신이 있나요? 사실 저도 할 수 있다고 자신 있게 말씀드리진 못하겠네요. 작심삼일이라고 하잖아요. 다짐도 하고 실천도 해보지만 유지하기가 힘들죠. 그러니 루틴을 잡아보려 애쓸 때마다 자꾸 실패하고 말아요. 어떻게 하면 루틴을 유지할 수 있을까요? 다음 장에서는 실천할 수 있는 수준의 루틴을 만들고 유지하는 방법에 대해 이야기해보겠습니다.

2장

흐트러진 삶을 다잡는
나만의 기준점 찾기

일상 루틴

회복탄력성에도
기준이 필요하다

'회복탄력성Resilience'에 대해 들어본 적 있나요? 회복탄력성이란 예상치 못한 위기를 겪더라도 빠르게 이전의 상태로 돌아갈 수 있는 능력을 말합니다. 용수철이나 오뚝이를 상상하면 이해하기 쉬울 거예요. 용수철처럼 쭉 늘어났다가도 탄성을 발휘해 원래 상태로 돌아오는 모습. 오뚝이처럼 밀어 넘어뜨려도 곧바로 다시 일어서는 모습. 이것이 바로 회복탄력성이죠.

현대사회에서 작은 실패는 일상이에요. 워낙 변수가 많으니까요. 일이 순조롭게 잘 되는 것 같다가도 예상치 못한 장애물을 마주하는 게 우리 일상입니다. 그래서 요즘 정신과 의사나 심리학자 들이 여러 강연에서 회복탄력성의 중요성을 강조하곤 해요. 실패할 때마다 무너지고 만다면 아마 우리는 사회생활을 제대로 할 수 없을 테니까요. 넘어지고 일어서고, 또다시 넘어지고 일어서고를 반복하면서 우리 삶은 자연스레 앞으로 나아가야 합니다.

앵커링 포인트, 매일 내가 돌아와야 하는 곳

회복탄력성에 대해 이야기하면서 생각해야 할 게 하나 있어요. 바로 '기준'입니다. 누구나 실패할 수 있어요. 실패했을 때 넘어져 있을 수만은 없고, 일어나서 다시 나아가야 하는 것도 맞습니다.

그런데 이전의 상태로 회복하려면 어느 수준까지 돌아가야 할까요? 모든 일이 술술 잘 풀리던, 내가 제일 잘나가던 그때일까요? 아니면 실패를 경험하기 직전일까요? 회복의 기준이 모호한 거예요.

저는 이 기준을 '일상 루틴'으로 잡을 것을 제안합니다. 일상생활에서의 루틴이 우리 삶을 유지하는 기본 축이니까요. 무너졌다가도 어느 지점까지만 다시 돌아갈 수 있다면, 흔들렸던 삶의 기반도 자연스레 원래의 자리로 돌아오면서 요동치지 않고 살 수 있습니다.

머릿속에 한 대의 원양어선을 그려봅니다. 몇 달간의

고된 항해를 마치고 돌아온 그 배는 항구로 들어와 닻을 내립니다. 배의 출항 결과는 상황에 따라 너무나 다양하죠. 힘겨운 여정이었더라도 고생한 만큼의 목표를 이뤘을 수도, 거센 폭풍을 만나 급하게 목적지를 변경하고 돌아왔을 수도, 목적지도 없이 방랑하다가 겨우 방향을 잡고 기착지를 찾아온 것일 수도 있습니다.

그렇게 기착지로 돌아온 뒤에는 며칠간 항해를 멈추곤 고장 난 곳은 없는지, 다시 출항하기 위해 손봐야 할 곳은 없는지를 세세히 살피죠. 청소와 정비를 마치고 연료까지 든든히 충전하고 나면 어선은 새로운 항해를 떠날 준비를 마치게 됩니다. 이렇게 배가 닻을 내리고 재정비하는 곳을 기착지, 즉 '앵커링 포인트Anchoring point'라고 합니다.

앵커링 포인트는 배에만 필요한 게 아닙니다. 우리 삶에도 필요해요. 아무리 지치고 힘들어도 돌아갈 곳, 내 삶의 기준이 되는 곳이 있어야 하잖아요. 그게 바로 앵커링 포인트입니다.

복잡한 일상을 단순화하기 위해

독자 여러분은 하루에 몇 가지 일을 하나요? 우리는 셀 수 없이 많은 일을 하며 살아갑니다. 그만큼 신경 쓸 일도 많고, 다양한 종류의 스트레스를 경험합니다.

재미있는 건 또 왜 그리 많을까요? 예전에는 채널이 몇 개뿐인 TV를 보거나 컴퓨터를 켜야만 흥미로운 세상이 펼쳐졌는데, 이젠 항상 스마트폰을 손에 쥐고 다니며 손가락만 움직이면 유튜브, 넷플릭스, 인스타그램 등 우리 시선을 끄는 현란한 볼거리를 손쉽게 즐길 수 있습니다.

그런데 한번 생각해보죠. 매일 하는 일, 시청하는 영상, 접하는 콘텐츠가 우리에게 꼭 필요한 것들인가요? 굳이 챙기지 않아도 되지만 남들보다 뒤처지기 싫어서, 누군가에게 잘 보이려고, 다들 하는 유행이니까…. 진정 나를 위한, 나의 의지로 즐기는 게 아닌 경우도 꽤 많을 거예요. 이렇게 목적지가 어딘지 모른 채 이 일과 저 일 사이를 둥둥 떠다니다가 잠자리에 누워 '오늘 난 대체 뭘 한 거지? 하루가 허무하게 다 가버렸네!' 하고 한탄한다면, 뭔가 문제가 있는 게 아닐까요?

우리는 나를 위한 생산적인 목적만으로 하루의 모든 순간을 채우며 살 수는 없습니다. 휴식이란 명목으로 게으름을 부리며 때로는 멍하게 있거나 부질없는 일에 시간을 쓰는 경우도 다반사죠.

그래서 일상 곳곳에 앵커링 포인트를 찍어놓는 것이 중

요해요. 중심축이 있으면 도중에 샛길로 새더라도 얼른 다시 돌아와 삶을 유지해나갈 수 있거든요. '잠시 한눈팔았지만 괜찮아. 여기서부터 다시 시작하면 돼' 하고 말이에요. 잠시 목적지를 잃고 방황하던 삶이라는 배가 다시 목적지를 찾아 떠나기 위해 기착지로 돌아오는 순간입니다.

무기력을 극복하기 위해

1장에서 무기력의 여러 증상에 대해 이야기했어요. 저를 포함한 많은 사람이 무기력을 경험하고 있다는 사실도 확인했고요.

앵커링 포인트는 무기력을 극복하는 데 반드시 필요해요. 다시 제자리로 돌아오기 위한 기준점인 동시에 기어코 나아가기 위한 기준점이 되기도 하니까요.

다시 어선 이야기로 돌아가보겠습니다. 배가 폭풍을 만나서 이리저리로 표류했어요. 날씨는 맑아지고 파도도 잠잠해졌지만 배는 만신창이가 되었고 선원들은 기진맥진했죠. 더 이상 항해하기가 어려운 상황이에요. 이런 상황이라면 선장은 배를 끌고 어디로 향해야 할까요? 맞습니다. 앵커링 포인트, 즉 가장 가까운 항구를 찾아 마지막 기운을 짜내서라도 나아가야 합니다.

무기력을 극복하려면 일단 어떻게든 억지로 몸을 움직여 일상생활을 이어나가는 게 중요하다고 앞에서 강조했죠. 그런데 그 일상이란 뭘까요? 우리가 매일 반복하는 생활입니다. 의식주를 포함해서 가장 기본적인 생활을 말하죠. 무기력에 빠질 때는 일상이라는 앵커링 포인트를 향해 기어코 나아가야 해요. 일상을 회복하지 못하면 정착할 곳을 찾지 못하고 바다를 떠도는 배처럼, 우리 삶도 무기력이라는 망망대해를 표류할 수밖에 없습니다.

내 일상에 기준을 잡기 위해

앵커링이라는 개념이 얼마나 중요하냐면, 경제학에도 '앵커링 효과Anchoring effect'라는 표현이 있습니다.

여러분이 한 기업의 사장이라고 가정해보죠. 원가 5만 원을 들여 신상품을 개발했어요. 출시를 앞두고는 '가격을 어떻게 정해야 하나?' 하는 고민에 빠집니다. 가능한 비싼 값에 물건을 팔아 이윤을 많이 남기고 싶겠죠? 그런데 또 너무 비싸면 사람들이 구매를 포기할 수도 있잖아요. 특히 이 제품이 지금까지 판매된 적 없는 완전히 새로운 것이라면, 참고할 만한 가격 기준도 없으니 더욱 고민스러울 거예요.

고심 끝에 이 새로운 제품을 50만 원이라는, 원가 대비 비싼 가격으로 팔기로 결정합니다. 그런데 이 상품이 인기를 끌어서 다 팔린 거예요. 이런 상황이라면 경쟁 회사들은 비슷한 제품을 판매할 때 어떻게 가격을 매길까요? 오리지널 제품 가격인 50만 원을 기준으로 해서 조금 저렴하게 혹은 비싸게 매기겠죠. 이것이 앵커링 효과예요. 어떤 기준을 제시해서 다음 판단의 근거가 되도록 하는 것을 말합니다.

우리 일상에서도 앵커링 효과를 활용할 수 있어요. 여기저기에 나의 목표가 될 만한 앵커anchor, 즉 닻을 던져놓는 거죠. 물론 그만큼의 목표를 다 이루지 못할 수도 있습니다. 하지만 기준은 잡혔잖아요. 그러면 적어도 그 앵커들을 바라보면서 때론 흔들리더라도 방향성을 잃지 않을 수 있고, 내가 바라는 수준의 삶을 어느 정도 유지해나갈 수 있습니다.

무기력에서 벗어나기 위한 스몰 스텝에서 중요한 앵커링 포인트는 네 가지예요. 우리 일상생활에서 가장 기본 중의 기본인 것들이죠. 첫째는 수면, 그러니까 잠을 잘 자는 것. 둘째는 운동, 즉 나의 신체 건강을 위해서 활동하는 시간. 셋째는 식이, 하루 생활을 위해 적정량을 챙겨 먹는 것. 넷째는 내 삶의 영역을 더 깊고 넓게 만들어가는 시간, 바로 자기계발입니다.

너무 단순하다고요? 원래 평범하고 단순한 것을 지키는 일이 어려우면서도 잊기도 쉬운 법입니다. 수면, 운동, 식이, 자기계발은 우리 삶의 전부라 해도 과언이 아닙니다. 우리 일상에서 이 네 가지만 충족돼도 인생의 항로가 목적지를 향해 끊임없이 이어질 수 있어요. 그간 기본적인 일상을 소홀히 여기고 '대충 어떻게든 되겠지' 하는 마음으로 살아왔다면, 이번 기회에 내 삶의 기본 루틴을 만들기 위한 일상 가꾸기 작업을 함께 시작해보면 좋겠습니다.

수면,
몸의 시계를 바로잡는 법

여러분은 어떤 수면 패턴을 가지고 있나요? 저는 어릴 적부터 아침잠이 참 많았습니다. 나이가 들수록 아침잠이 줄어든다고 하는데 제 경우 여전합니다.

등교 시간에 보면 교문이 막 닫히려고 할 때 뛰어드는 학생이 있죠? 그게 바로 저였어요. 길이 막히거나 학교 가는 길에 돌발 상황이 생기면 어김없이 지각을 했죠. 몇 번 이런 일을 경험하면 일찍 일어나 준비할 법도 한데 저는 그게 안 되더라고요.

이렇게 잠을 이기지 못해 애먹는 경험이 쌓이다 보니 잠에 대해 진지하게 고민하게 되었습니다. '대체 우리에게 수면이란 뭘까?' 하고요.

몇 시간 자야 좋을까?

잠에 대한 궁금증은 여러 가지입니다. 몇 시에 잠자리에 들어야 좋을까요? 잠을 짧게 나눠서 자는 것과 긴 시간 통잠을 자는 것 중 어느 쪽이 나을까요? 낮잠은 자는 게 좋을까요, 가능한 안 자는 게 좋을까요? 수면에 대해 이야기하기 시작하면 여러 질문이 쏟아져요. 그만큼 잠이 우리 생활에 중대한 영향을 미친다는 뜻이겠죠. 많은 사람이 잠에 대해 고민한다는 의미이기도 하고요.

저처럼 아침잠이 많은 사람은 어릴 적부터 이런 잔소리를 들어왔을 거예요.

"그렇게 일찍 좀 자라니까! 늦게 자니까 늦잠을 자는 거야!"

늦게 자고도 일찍 일어날 수 있다면 참 좋겠지만 쉽지 않습니다. 사람의 수면에는 일정한 주기가 있기 때문이에요. 이것을 '일주기 리듬Circadian rhythm'이라고 합니다. 우리의 몸은 약 24시간을 기준으로 매일 일정한 시간에 잠들고 일어나도록 하는 일주기 리듬을 가지고 있어요. 수면뿐 아니라 기초체온과 멜라토닌melatonin, 코티졸cortisol 같은 호르몬도 이 일주기 리듬을 따릅니다.

일주기 리듬에 따른 적정한 수면 시간은 몇 시간일까

요? 성인 기준 대략 7~8시간이 적정 수면 시간입니다. 그런데 의학적으로 보면 수면 시간도 중요하지만 수면의 질역시 중요합니다. 우리 수면에는 잠의 깊이에 따른 단계가 있습니다. 수면다원검사PSG, polysomnography로 잠을 자는 동안 뇌파를 통해 우리 수면의 단계를 파악할 수 있어요.

간략히 설명하자면 뇌파가 약간 느려지는 '얕은 수면', 많이 느려지는 '깊은 수면' 그리고 잠은 자고 있는데 마치 깨어서 활동을 하는 것과 유사한 뇌파를 보이는 '렘REM수면'이 있습니다. 이 수면 단계 중에 우리 신체가 충분히 휴식을 취하는 수면은 깊은 수면이고, 뇌가 회복하는 수면은 렘수면으로 알려져 있죠. 만약 하룻밤을 자는 동안 깊은 수면이나 렘수면이 적고 얕은 수면이 많다면 수면의 질은 떨어지고, 아무리 잠을 많이 자도 몸과 마음이 충분히 회복하지 못 합니다. 분명 잠을 잤는데도 다음날 찌뿌둥하고 피곤하며 정신이 멍할 수밖에 없어요.

'자도 자도 피곤하다'고 말하는 사람들이 있습니다. 잠을 자는 동안 코골이가 심한 경우 일순간 이완된 목젖 근육이 기도를 막으면서 숨을 쉬지 못해 잠에서 깨는 경우가 있어요. 잠결에 일어나는 일이라 숨이 막혀서 깨어나도 기억을 못 하고 다시 잠에 듭니다. 이를 '수면 무호흡'

이라고 하는데, 이 경우 당연히 수면의 질이 많이 떨어지죠. 숨을 못 쉬는 상태가 반복되니 심장병 같은 신체 질환에 악영향을 끼칩니다.

이렇듯 심한 수면 장애를 겪는 사람은 수면다원검사를 통해 내 잠의 질을 알아볼 수 있어요. 뇌파 검사를 통해 잠자는 동안 깊은 수면보다 얕은 수면이 얼마나 많은지, 수면 무호흡으로 자주 깨지는 않는지 체크해보는 거죠.

개인차를 떠나 '인간은 하루에 몇 시간을 자야 건강한가'라는 질문에 대한 답을 찾기 위해 그간 많은 학자들이 연구해왔습니다. 그 결과 얼마 전까지는 통상 8시간 정도를 적정한 수면 시간으로 생각해왔어요.

그런데 최근의 연구 결과는 좀 다릅니다. 2022년의 데이터인데, 이 연구에 따르면 가장 건강한 수면 시간은 7시간이라고 해요.[2] 하루 7시간씩 잠을 자는 사람들이 심장 질환을 포함한 다양한 신체 질환에 의한 사망 위험률이 가장 낮은 것으로 나타났습니다. 최근 발표된 또 다른 논문에서는 '매일 7시간 잠을 잘 때 우리 뇌의 인지 기능과 정신 건강이 가장 좋다'는 결론이 나왔습니다.[3]

잠을 잔다는 건 우리 몸이 충분한 휴식을 취하는 것이기도 하지만 우리 뇌가 재정비를 하는 시간이기도 해요.

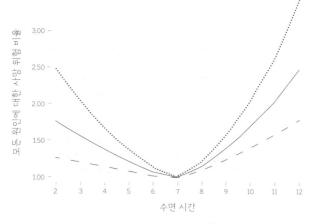

＊ 출처: 「Frontiers in public health」, 2022

잠을 자야 우리 몸과 뇌가 휴식을 취하면서 다음 날 건강하게 지낼 수 있는 기반이 만들어지죠. 연구에서는 7시간보다 적게 또는 많이 자도 사망 위험이나 정신 건강 위험이 높아진다고 해요. 잠을 많이 자는 것도 몸과 마음에 해롭다니, 좀 의외죠? 그만큼 적당한 수면 시간이 중요하다는 의미입니다.

기억해두세요. 사람은 하루에 7시간 정도 잠을 자야 뇌가 원활하게 움직이고, 신체가 건강하게 유지되며, 마음 상태도 안정적일 수 있습니다.

아침형 인간과 저녁형 인간

그런데 이 7시간을 언제 자야 가장 효과적일까요? 일찍 자든 늦게 자든 7시간만 푹 자면 될까요?

동물의 예를 들어보겠습니다. 집에 사는 고양이와 야생에 사는 고양이의 수면 패턴은 달라요. 야생 고양이는 기본적으로 밤에 활동하고 낮에 잡니다. 그런데 신기하게도 사람과 오랫동안 함께 산 고양이는 사람과 같이 밤에 자요. 이것은 어떤 의미일까요? 동물의 수면 패턴은 환경에 의해 조절될 수 있다는 뜻입니다.

다른 동물들의 수면 패턴도 환경이 변하면 달라집니다. 예를 들어 가장 긴 시간 잠을 잔다는 박쥐를 동굴 밖으로 끌어내어 도시 한복판에 살게 한다면 20시간씩이나 잠을 잘 순 없겠죠. 결국 고유한 수면 패턴은 주어진 환경에 적응한 결과물이기도 하다는 이야기입니다. 사람도 마찬가지예요. 우리가 낮에 일하고 밤에 자는 이유는 과거 전구가 없던 시절에는 밤에 생활할 수 없었기 때문이죠. 밤에도 낮처럼 환한 환경에서 일할 수 있는 오늘날에는 새벽에 자고 밤에 생활하는 사람들도 있습니다.

이렇듯 한 개인의 활동과 수면에 대한 생활 리듬이 일주기 리듬이고, 이 일주기 리듬의 일정한 패턴을 '생체 시계chronotype'라고 합니다. 생체 시계를 간단히 표현하자면 '아침형 인간'과 '저녁형 인간'입니다. 저마다의 활동과 수면에 대한 습관이자 패턴이죠.

아침 일찍 일어나는 게 그리 힘들지 않고 오전 활동에 부담을 느끼지 않으며, 이른 밤이 되면 자연스레 잠이 든다면 아침형 인간이고, 아침잠이 많으면서 늦게 일어나고 오후 시간에 더 높은 집중력을 발휘면서 밤에도 그닥 잠이 오지 않는다면 저녁형 인간입니다.

문제는 우리 사회에서는 개개인의 생체 시계를 다 맞춰주지 않는다는 점입니다. 학교나 회사에서는 보통 9시부터 일과를 시작하죠. 그 시간에 맞추려면 우리는 7시 즈음 일어나 준비를 해야 합니다. 이렇게 우리는 개인의 생체 시계가 어떤지와는 상관없이 아침형 인간이 되기를 강요받으며 살아가고 있는 겁니다(이것도 그나마 늦어진 거죠.).

그렇기에 저녁형 인간은 아침형 인간에 맞춰진 사회 활동 시간을 따르기가 힘들어요. 사회적인 시간과 내 신체 활동 시간에 차이가 있으니 힘들 수밖에 없죠. 이른바 '사회적 시차'가 발생합니다. 대한민국에 사는 우리가 미국으로 여행을 가면 시차로 인한 부적응 기간을 겪죠. 낮에는 졸음이 쏟아지고 밤이면 말똥말똥해져요. 사회적 시차는 마치 먼 나라에 여행을 간 것처럼 나의 신체 시계와 사회적 시계 사이에서 그런 시차를 느끼는 겁니다.

하지만 저녁형 인간일지라도 사회적인 활동은 지속해야 합니다. 그래서 늘 잠이 부족한 채 학교에 가고 일을 하죠. 그럼 부족한 수면 시간은 언제 메꿀 수 있을까요? 대개 주말과 휴일에 메 웁니다. 주중에 부족했던 수면에 대한 부채를 휴일에 한꺼번에 갚는 거예요. 그런 날에는 해가 중천에 뜰 때까지 실컷 잡니다. 주말에 몰아 자는 이런 수면 패턴은 우리 건강에 좋을 리가 없겠죠.

나에게 맞는 '고유의 시간'을 찾아서

한때 아침형 인간이 성공한다는 메시지의 책들이 유행했어요. '미라클 모닝'이라는 표현을 쓰기도 하며 남들보다 일찍 일어나 하루를 길게 쓰는 사람이 더 많이 성공할 수 있다고 했죠. 심지어 아침형 인간이 신체 질병이나 우울증도 덜 걸리고 건강하다는 연구 결과도 많았습니다.

이렇게 아침형 인간이 주목받으면서 어떤 회사는 출근 시간을 한두 시간 앞당기기도 했어요. 이런 분위기로 인해 저처럼 아침에 일어나는 것을 버거워하는 저녁형 인간에게는 '게으름뱅이'라는 낙인이 찍히고 말았습니다. 우리 저녁형 인간들은 억울합니다. 사회적인 제약 때문에 나의 일주기 리듬에서 벗어난 삶을 살아야 하는 것만으로도 괴로운데, 주변 사람들의 좋지 않은 시선까지 견뎌야 하니까요.

"잠 안 자고 유튜브 보고, 게임하고… 밤에 헛짓하니까 아침에 힘들지!", "네 의지가 부족하니까 아침마다 그 모양인 거야!" 이런 비난을 들으면서 괜한 죄책감을 가지고 살아야 했죠. 그런데 최근 일주기 리듬과 관련된 유전자가 발견된 거예요. 지금까지는 늦게 자고 늦게 일어나는 게 다 내 잘못인 줄 알았고, 내가 게으르고 의지가 박약해서 저녁형 인간으로 사는 거라고 생각했는데, 그게 아니라 유전자에 의해 저녁형 인간으로 타고났다는 거죠.

아침에 유난히 쌩쌩한 사람들은 아침형 인간 유전자를 타고난 것이고, 저녁에 힘이 넘치는 사람들은 저녁형 인간 유전자를 타고난 거예요. 유전자는 내가 어떻게 바꿀 수 있는 게 아니죠. 물론 인간의 유전자는 신비로워서 사회적 기준에 맞춰나가는 능력도 포함되어 있긴 합니다만, 가장 자연스러운 것은 타고난 유전자에 맞춰 사는 거예요. 이때 우리 신체와 정신 건강이 잘 맞아떨어지죠. 나의 생체 시계에 맞게끔 살아가는 건 너무나 자연스러운 일이니까요.

이렇게 개개인이 가지고 있는 일주기 리듬, 즉 생체 시계가 유전자에 의해 결정되며, 그것이 24시간이라는 우리의 생활환경에서 어떻게 발현되는지 그 메커니즘을 과학적으로 밝힌 미국 학자들은 2017년 노벨 생리의학상을 받았습니다.

제프리 홀Jeffrey C. Hall, 마이클 로스배시Michael Rosbash, 마이클 영Michael W. Young 이 세 사람이 내놓은 연구 결과를 보면 '몸 바깥의 환경과 몸이 알고 있는 경험이 서로 다를 때 우리 몸은 불편을 느끼며, 생활 방식과 생체 리듬이 맞지 않아 불균형이 일어날 경우 다양한 질병에 노출될 위험이 있다'고 해요.

저는 이들의 연구 논문을 읽고 벌떡 일어나 박수라도 치고 싶은 심정이었어요. 덕분에 의지박약이라는 꼬리표를 뗄 수 있어서 너무나 기뻤거든요. 저는 게으른 사람이 아니었어요. 단지 우리 사회의 요구와 나의 타고난 성향이 달랐던 거죠.

몸의 시계와 사회적 시계

우리의 생체 시계는 24시간보다 15분 정도 길다고 합니다. 대부분의 사람이 조금 더 일찍 자고 일찍 일어나도록 수면 습관을 바꾸는 것보다 조금 더 늦게 자고 늦게 일어나도록 바꾸는 것을 편하게 여기는 이유죠.

그런데 저녁형 인간의 생체 시계는 평균보다 더 길어요. 그러니까 보통 사람들은 '24시간+15분' 정도인데, 저녁형 인간은 '24시간+30분~1시간' 정도인 거죠. 그러니 저녁형 인간은 남들보다 신체가 늦게 깨어나고, 그만큼 늦게 잠드는 것을 선호해요.

하지만 나의 생체 리듬에 맞추겠다고 사회적인 약속을 깨버릴 수는 없잖아요. 그래서 저녁형 인간들도 24시간이라는 기준에 맞춰 살기 위해 안간힘을 씁니다. 하지만 생체 시계가 24시간에 거의 들어맞는 아침형 인간들에 비해 더 큰 노력을 해야 겨우 발맞출 수 있겠죠.

아침형 인간도 괴롭긴 마찬가지예요. 우리나라는 저녁에 친목 활동을 많이 합니다. 주된 활동 시간이 낮에 맞춰져 있는 아침형 인간이 밤늦게까지 활동하려다 보면 당연히 남들보다 일찍 지치고 피곤해요. 이런 모습을 저녁형 인간은 이해하지 못하죠. 직장에서 팀장이 저녁형 인간이고 팀원이 아침형 인간인 경우, 저녁 회식을 할 때면 팀원은 "자네는 꼭 회식 자리에서는 텐션이 떨어져"라며 지적을 받을 수도 있겠죠.

이렇게 저녁형 인간이든 아침형 인간이든 누구나 환경과 상황에 따라 사회적인 시차를 겪고 있고, 저마다 나름대로의 괴로움을 견디며 살아갑니다. 이 괴로움을 조금이라도 줄여보고자 독자 여러분에게 건강한 수면을 위한 루틴을 소개하려 합니다. 적어도 각자에게 맞는 시간에 양질의 수면만 취할 수 있어도 사회적인 시차로 인한 고통은 줄일 수 있을 거예요.

저도 때로 그렇지만 현대인들은 대개 제때 잠들지 못해요. 지금부터는 어떻게 해야 잠을 잘 잘 수 있을지 그 방법에 대해 이야기해보겠습니다.

멜라토닌의 작용 원리

멜라토닌에 관한 이야기부터 해보겠습니다. 멜라토닌은 우리 뇌에서 분비하는 수면 호르몬이에요. 미간 안쪽의 송과체Pineal gland라는 뇌 부위에서 늦은 저녁부터 이른 아침까지 꾸준히 분비되죠.

우리나라에서는 불가하지만 외국에서는 멜라토닌 성분이 든 영양제를 마트나 약국에서 어렵지 않게 살 수 있습니다. 그런데 영양제로 먹는 멜라토닌은 수면 문제에 큰 효과를 보기가 어렵습니다. 멜라토닌은 15~30분 정도로 반감기가 짧아서 우리 몸에 들어가면 무척 빠르게 분해되기 때문이에요. 그러니까 우리가 영양제로 먹는 멜라토닌은 대부분 한두 시간도 되지 않아 분해되어 그 기능이 사라진다고 생각하면 되겠습니다.

우리나라에서는 요즘 의약품으로 멜라토닌을 처방하고 있습니다. 저 역시 환자들에게 많이 처방하고 있죠. 이런 의약용 멜라토닌은 밤사이 지속적으로 그 효과를 유지하게끔 하기 위해 두 가지 방법으로 가공되어 있습니다. 하나는 약물에 코팅을 여러 겹 씌워서 약이 장을 지나는 동안 천천히 녹게끔 하여 마치 뇌에서 꾸준히 멜라토닌을 분비하는 것처럼 천천히 흡수되도록 하는 거죠. 다른 하나는 멜라토닌의 화학구조를 살짝 바꿔서 몸에서 분해가 잘 안 되도록 하여 약의 효과를 유지하며 지속 시간을 늘리는 거예요.

기본적으로 수면 중 우리 뇌에서는 꾸준히 멜라토닌 호르몬을 분비하고 있기 때문에 푹 잘 수 있습니다. 결국 약을 사용하든 사용하지 않든, 잘 자기 위해서는 우리 몸에서 분비되는 멜라토닌 호르몬을 충분히 활용할 수 있는 법을 스스로 찾아야 합니다.

수면 패턴을 잡기 위한 3가지 루틴

양질의 수면 패턴을 위해 우리가 익혀야 할 루틴은 크게 세 가지입니다.

첫째는 일정한 수면 습관입니다. 수면 호르몬인 멜라토닌은 수면 습관의 영향을 받습니다. 일정한 시간에 자고 일어나는 습관을 유지하면 우리 뇌에서 분비하는 멜라토닌은 그 시간에 맞춰서 효율적으로 역할을 하죠. 반대로 자고 깨는 시간이 불규칙적이면 뇌에서 분비하는 멜라토닌도 패턴을 잃고 흐트러지게 됩니다. 당연히 수면의 질도 떨어져버리죠. 그래서 일찍 자든 늦게 자든, 자는 시간과 깨는 시간이 비교적 일정하다면 멜라토닌의 분비로 인해 숙면이 가능합니다.

일정한 수면 습관을 위해서는 기본적으로 잠자는 시간보다는 일어나는 시간을 일정하게 맞춰야 합니다. 깨는 시간을 고정해야 하는 이유는 잠드는 것은 우리 마음대로 조절하기가 힘들기 때문이에요. 자려고 침대에 누우면 곧바로 잠에 빠져드는 사람이 몇이나 될까요? 몸이 피곤한 상태라면 빨리 잠들 수 있겠지만, 잠이 오지도 않는데 잘 시간이 되었다고 누워봤자 이리 뒤척, 저리 뒤척일 뿐 잠이 들지는 않죠. 반면 일어나는 시간은 그래도 통제할 수 있습니다. 알람을 맞춰놓고 그 시간에 일어나면 되니까요.

물론 개개인의 생체 시계에 따라 내가 자려고 정해놓은 시간과의 시차가 생길 수도 있겠습니다. 그러면 어떤 경우에는 내가 자려는 시간이 되기도 전에 잠이 오고, 반대로 깨려는 시간이 되기도 한참 전에 일찍 깨어버릴 수도 있겠죠. 이런 경우에는 일어나는 시간을 조절하기보다 잠자는 시간을 조절하는 게 좀 더 쉬울 겁니다. 어떻게든 내가 자려고 정해놓은 시간까지는 잠을 자지 않고 버티고, 정해놓은 시간이 되면 자는 거예요. 마치 시간대가 다른 여행지에서 시차 적응을 하듯 말이죠.

만약 일어나는 시간을 기준으로 할지, 잠자는 시간을 기준으로 할지 헷갈린다면 단순하게 잠자리에 누워 있는 시간을 고정합니다. 잠이 들든 잠에서 일찍 깨든 상관없이 몇 시부터 몇 시까지만 침대에 누워 있겠다고 정하는 겁니다. 계획보다 늦게 잠이 들 수도, 아침에 일찍 깨어날 수도 있겠지만, 어느 한쪽은 고정되기 때문에 시간이 흐르면 자연스레 수면 패턴이 잠자리 시간에 맞아떨어질 거예요. 멜라토닌 분비 시간도 마찬가지고요.

둘째는 멜라토닌 분비를 방해하는 요소를 없애는 겁니다. 멜라토닌 분비를 방해하는 건 두 가지예요. 신체 활동과 빛이죠. 잠을 잘 시간에 활동을 하면 멜라토닌 분비량이 줄어요. 또한 우리 눈에 빛이 들어오면, 특히 파란색 계열의 빛이 들어오면 멜라토닌 분비가 감소합니다. 그게 반복되면 멜라토닌 분비 패턴이 깨져버리죠.

그래서 밤늦게 운동을 하거나 잠자리에 누워서 TV나 스마트폰을 보면 잠에 들기 어렵습니다. 요즘에는 잠자리에서 스마트폰으로 무언가를 보면서 자는 사람이 많을 거예요. 좋은 습관은 아니지만 그래도 굳이 봐야겠다면 스마트폰 화면의 조도를 최대한 낮추고 나이트 모드로 설정을 바꿔보세요. 그러면 빛의 밝기가 약해지고 화면의 청색이 제한되면서 황색 계열로 바뀌기 때문에 멜라토닌 분비에 상대적으로 자극이 덜해지죠. 그래도 눈에 빛이 들어가는 것은 수면에 무조건 좋지 않습니다.

셋째로 잠을 방해하는 건 '생각'임을 기억해야 합니다. 생각 중에서도 가장 안 좋은 생각이 뭘까요? 현실적인 생각입니다. 내가 당면한, 씨름해야 하는 생각이기 때문에 우리 뇌가 그것에 집중하면서 각성되어버려요. 그러면 당연히 잠들지 못하죠.

그러면 잠들기를 방해하는 가장 현실적인 생각은 뭘까요? 바로 '자야지, 자야지, 자야지' 생각하는 거예요. 잠이 안 올 때 누워서 '자야 하는데 왜 잠이 안 올까? 내일 할 일도 많아서 일찍 일어나야 하는데…. 오늘 종일 피곤했는데 왜 이렇게 잠이 안 오지?' 이런 생각을 계속하면 절대 잠에 들 수 없습니다. 불면에 대한 고민은 잠자리에서 가장 현실적으로 당면한 생각이니 우리 뇌를 재우기는커녕 완전히 각성시켜버리죠.

그럼 이건 어떨까요? 양을 세는 겁니다. '양 한 마리, 양 두 마리, 양 세 마리, 양 네 마리….' 드라마나 영화에서 이렇게 잠들기를 시도하는 경우가 많이 나오잖아요. 현실적인 생각도 아니고요.

그런데 여러분은 이렇게 양을 세면서 효과를 본 적이 있나요? 거의 없을 거예요. 당연히 못 잡니다. 우리가 단순히 양만 세는 게 아니기 때문입니다. '양 한 마리(자야지), 양 두 마리(자야 하는데), 양 세 마리(왜 잠이 안 오지?), 양 네 마리(내일 또 지각하면 어떡하지)….' 이런 식으로 양을 세는 사이사이 계속 현실적인 고민이 끼어들어요. 그러면 결국 현실적인 생각이 되어버리니 잠잘 수가 없습니다.

이런 현실적인 생각은 긍정적이든 부정적이든 상관없이 잠을 방해합니다. 부정적인 생각이라면 염려, 걱정, 불안 같은 것들이니 당연히 잠을 방해하죠. 그런데 긍정적인 생각도 마찬가집니다. 어릴 때를 떠올려보세요. 내일이 소풍날이라면 전날에는 잠을 설칩니다. 내일 소풍 갈 생각을 하면 가슴이 두근두근 설레거든요. 만약 내일 해외여행을 간다면, 내일 평소 좋아하던 이성과 데이트를 한다면 너무나 기분이 좋을 거예요. 이런 좋은 생각도 우리 수면에 방해가 됩니다. 당장 내가 당면한 현실적인 생각이기 때문이죠.

잠을 자기 위해서는 생각을 아예 현실적이지 않은 다른 쪽으로 돌려버려야 합니다. 바로 공상이죠. 현실적이지 않은, 허무맹랑한 생각 말입니다. 그러니 이런저런 생각이 많아서 잠이 안 온다 싶을 때는 그냥 공상의 세계로 넘어가는 게 낫습니다.

그래도 이왕이면 기분 좋은 공상이 좋겠죠. 로또 1등에 당첨된다거나, 지금 내 옆에 누워 있는 사람이 최애 아이돌이라거나, 다시 태어나보니 슈퍼히어로나 사우디 황태자로 살아간다거나 하는 식의 아주 비현실적인 공상을 하는 거죠. 이런 생각은 현실적이지도 당면한 상황에 대한 것도 아니다 보니 생각이 한데 집중되지 않고 이리저리 분산되면서 잠을 잘 수 있게 됩니다.

물론 이런 공상을 하면서도 중간중간 현실적인 생각이

끼어들 수 있어요. 만일 현실적인 생각으로 돌아갔더라도 그 생각을 중단하고 다시 공상으로 생각을 옮겨가면 됩니다. 그렇게 반복하다 보면 이 역시 생각이 분산되는 것이기 때문에 잠에 들 수 있어요. 중요한 건 현실적인 생각을 붙잡지 않고 기분 좋은 공상으로 생각을 반복해서 옮겨가는 겁니다.

수면제에 대한 현실적인 조언

잠을 잘 자지 못할 때 그저 손쉬운 방법으로 약을 찾는 경우가 있습니다. 자려는 노력보다는 약이 쉽고 편리하거든요. 병원에 가서 스틸녹스stilnox, 졸피뎀zolpidem, 라제팜razepam, 할시온halcion 같은 수면제를 처방받아 복용하는 거죠.

처음 수면제를 먹으면 잡생각이 사라지고 바로 잠들어요. 신기하게도 약을 먹자마자 잠이 들고 눈을 뜨면 아침이에요. 푹 자고 일어난 듯 몸도 개운하고 기분도 좋습니다. 잠을 자려고 뒤척이고, 자다 깨고 했던 불편함이 한순간 사라져버리죠.

이렇게 신기한 약이 다 있나 싶어 매일 먹고 싶지만, 그래도 뭔가 찝찝합니다. 일단 수면제라고 하니 위험할 것 같고, 의사도 매일 복용하면 중독 위험이 있다고 주의를 줬으니까요. 그래서 일단 약을 먹지 않고 잠을 청해봅니다. 그런데 자려고 하니 또다시 머릿속에 생각이 많아지는 거예요. 그렇게 10분, 20분이 지나고 나면 또 잠을 못 잘까 불안해집니다. '자야지, 자야지' 하는 생각이 다시 반복되죠.

그럼 다시 수면제에 대한 유혹이 찾아옵니다. 이것만 먹으면 바로 잠에 들 것 같거든요. 그렇게 10분, 20분 시간이 더 흐르면 참지 못하고 약을 먹습니다. 그렇게 참고 또 참다가 수면제를 먹고, 이런 날이 반복되다 보면 어느 순간에는 고민 없이 그냥 먹고 자게 되는 거죠.

이런 식으로 수면제에 의존하게 됩니다. 오늘 먹으면 내일도 먹고, 모레도 먹게 됩니다. 없으면 못 자거든요. 너무나 편리하잖아요. 눈을 감으면 바로 잠들고, 일어나야 할 시간에 딱 눈을 뜨니까요.

문제는 약의 내성입니다. 맨 처음에는 수면제 반 알만 먹어도 푹 잤는데, 이제는 한 알을 먹어도 예전처럼 금세 잠들지 않아요. 어느 순간부터는 약을 먹으면 나른한 느낌은 있는데 잠이 들지는 않습니다. 잠에 들고 나서도 중간에 깨기도 하고요. 푹 잔 것 같지도 않고, 아침에 일어나도 개운하지 않아요. 그러다 보면 나도 모르게 복용량이 늘어갑니다. 반 알이 한 알 되고, 한 알이 두 알 되고… 그러다 보면 여러 알이 되어버리죠.

한 번에 먹는 약의 양이 늘면서 이번에는 예상치 못했던 새로운 문제가 발생합니다. 나는 잠을 잤다고 생각했는데, 알고 보니 나는 잠을 자지 않고 어떤 행동을 하고 있었고, 그것을 내가 기억하지 못하는 거예요.

대표적인 사례입니다. C씨는 그날도 잠을 못 잘 것 같아 수면제를 먹고 잤어요. 아침에 깨어나 '역시 약을 먹어야 잘 수 있구나' 생각하면서 부엌에 가보니 누군가가 라면을 먹은 흔적이 있는 거예요. 이 집에는 나 혼자 사는데 말이에요. 도둑이 들어와서 라면을 먹었나 싶지만 그럴리가 없죠. 라면을 먹을 사람은 나뿐인데 먹은 기억이 안 나요.

이것이 수면제의 대표적인 부작용입니다. 나는 잠을 잤다고 생각하지만 실상은 기억을 잃은 채 행동하는 거죠. 나는 분명 잤다고 생각하는데 실제로는 안 잔 거예요. 위의 예처럼 라면을 끓여 먹는가 하면 누군가에게 전화를 하기도, 편의점을 다녀오기도, 운전을 하는 경우도 있어요. 물론 아주 위험합니다. 제 환자 중에는 수면제를 먹고 기억을 잃은 상태에서 더 많은 수면제를 먹고는 스스로

119에 신고를 한 사례도 있어요. 그렇게 병원까지 다녀왔는데도 전혀 기억이 안 난다고 해요.

수면제를 많이 먹는 사람은 마취도 잘 되지 않아요. 예를 들어 건강검진 시 수면 내시경을 할 때 마취제 양을 늘려도 수면 마취가 안 되는 거예요. 검진 센터에서 사용할 수 있는 수면 마취제 용량은 정해져 있어요. 그러면 어쩔 수 없이 깨어 있는 채로 내시경을 해야 하죠. 이런 문제들을 겪고 나서야 "선생님, 저 이제 어떻게 하죠?" 하며 정신과를 찾아오는 사람들도 있습니다. 수면제는 정말 조심해서 사용해야 합니다. 스틸녹스나 졸피뎀처럼 수면제가 아닌 신경안정제 계열의 약이 그나마 나아요. 수면제와 신경안정제는 유사한 특성의 약물이지만, 잠을 재우는 수면제가 상대적으로 훨씬 강한 약물이죠. 신경안정제는 공황 증상이나 불안, 긴장을 낮추는 게 주목적인 만큼 조금 더 안전한 편입니다. 물론 이 또한 용량이 높아지고 매일 사용하다 보면 내성과 의존성이 생기는 약물이라 주의해야 합니다.

약을 복용할 때에는 약의 개수가 늘더라도 수면제나 신경안정제뿐만 아니라 수면 보조제를 같이 병행하는 편이 낫습니다. 수면 보조제 중에 가장 대표적인 것은 앞서 이야기한 멜라토닌 계열의 약입니다. 멜라토닌은 우리 몸에서 분비되는 호르몬이니 부작용도 의존성도 훨씬 적죠. 이런 약을 같이 쓰면서 잠을 잘 자기 시작하면 신경안정제나 수면제의 용량을 우선 차차 줄이는 거예요.

그다음으로는 수면 보조제만 복용하다가 맨 마지막에는 수면 보조제까지 빼버리는 거예요. 그러다가 스트레스가 많은 날 잠이 안 올 때, 그날만 선택적으로 수면제나 신경안정제를 사용할 수도 있습니다. 약을 매일 쓰지 않고 정말 힘든 상황에서만 사용한다면 의존성도 줄일 수 있습니다.

한편 잠을 못 자는 이유가 우울이나 불안 때문일 수도 있어요. 그렇다면 이런 동반 질환도 반드시 같이 관리해야 합니다. 우울증 약 중에는 마음을 편하게 하고 생각을 줄여주면서 잠자는 데 도움이 되는 약들이 있습니다. 이런 약은 수면제를 단독으로 사용하는 것보다 오히려 더 깊은 잠을 유도하기도 하고, 나중에 약을 끊을 때도 수월합니다.

잠이 잘 오지 않는다고 수면제로 해결하려는 생각은 정말 위험합니다. 특히 '주변 사람들도 다 수면제 먹던데요?'라고 편하게 생각하다가는 나중에 부작용이 생기고 약을 끊지도 못하게 되면 정말 후회합니다.

요즘에는 그나마 덜하지만 동네 내과나 가정의학과에서 수면제를 쉽게 처방해주는 경향이 있어요. 하지만 수면과 관련된 약은 반드시 정신의학과 전문의의 진료를 통해 처방받는 걸 추천합니다. 그래야 불면을 일으키는 다른 정신적인 증상도 조절하면서 안전하게 약을 사용하고, 나중에 약을 끊을 때도 쉽게 할 수 있어요.

만약 어쩔 수 없이 수면제를 사용해야 한다면 꼭 필요할 때만 일시적으로 사용하고, 혹여 당장 다른 방법이 없어 매일 사용하더라도 언젠가 약을 꼭 끊어야 한다는 마음을 가져야 합니다. 편한 것에 익숙해지면 어느 순간 과하게 의존하게 되거든요.

만약 스스로 이미 수면제에 의존하고 있다고 느끼면 마음을 강하게 먹어야 합니다. 불편하더라도 시기를 정해 수면제를 줄이면서 신경안정제와 수면 보조제로 바꿔나가는 결단을 하고, 정식으로 진료를 볼 것을 권유합니다.

그리고 수면제를 끊어내는 과정에서는 불면을 두려워하지 않아야 합니다. 잠을 잘 자는 게 신체 건강과 정신 건강에 중요하다고 하지만, 수면제를 먹고 자는 것보다는 차라리 잠을 설치는 게 낫습니다.

수면제 없이 자려고 할 때 얼마간은 꽤나 고생하겠죠. 그렇지만 우리 몸은 잠을 못 자면 결국엔 몰아서라도 자게끔 되어 있습니다. 주중에 모자란 잠이 부채로 남아 주말에 몰아 자게 된다고 앞에서 이야기했죠. 불면일 때도 마찬가지입니다. 밤새 한숨도 못 자는 날도 있겠지만, 그러다 잠드는 날도 있을 거예요.

그렇게 하다 보면 어느 순간 잠을 자는 습관이 조금씩 되살아납니다. 이때는 오히려 잠을 설치는 과정을 어쩔 수 없이 받아들이고 감수하는 각오가 필요합니다. 그리고 분명히 이야기하지만 수면제를 끊고 나면 일상생활에서 정신의 맑음 정도가 분명히 달라집니다. '수면제를 먹는 동안에는 내가 약에 취해 살고 있었구나' 스스로 느낄 만큼 달라지죠.

지금까지 바른 수면 패턴을 갖기 위해 실행해야 할 루틴에 대해 이야기했습니다. 어떤가요? 잠을 잘 자는 일이 힘들다고는 하지만, 막상 내용만 보면 단순합니다. 일정한 시간에 알람을 맞춰 일어나고, 멜라토닌 분비를 방해하는 요소를 제거하고, 생각을 현실이 아닌 공상으로 돌리려고 노력하는 것. 모두 약간의 의지만 발휘하면 할 수 있는 일이거든요.

중요한 건 포기하지 않는 꾸준함에 있습니다. 수면은 단순한 행동이 아닌 꾸준한 습관입니다. 처음에는 효과도 없는 것 같고, 잠도 푹 못 자니 힘들 거예요. 하지만 지속하다 보면 조금씩 패턴이 잡히면서 수면 습관이 생기기 시작하죠. 그런 습관이 생기고 나면 이후부터는 자연스레 잠이 들고 일어나는 수면 루틴이 자리를 잡습니다.

물론 상황에 따라 야근을 하거나 늦게까지 영화나 드라마를 보거나 회식에 술자리를 이어가다 보면 수면 패턴은 다시 흔들리겠죠. 그렇지만 한번 잡은 루틴을 다시 이어간다면 수면 습관은 다시금 돌아오게 되어 있습니다.

다음 장에서 이야기할 운동, 식이, 자기계발도 마찬가지입니다. 읽다 보면 당연하고 심플한 내용이죠. 다만 우리가 평소 단순하다는 이유로 신경 쓰지 않고 꾸준히 실행하지 못했기에 '안 된다, 못한다' 스스로 단정 지으며 살아왔을 뿐입니다.

운동,
하기 싫다면 먼저 하자

여러분은 운동을 좋아하나요? 제 경우 지금이야 일상에 운동 루틴이 잡혀 있지만, 그전까지는 사실 여러 운동을 시도만 할 뿐 제대로 성공한 적이 없었습니다. 버린 돈만 해도 얼마인지 몰라요. 어릴 적부터 운동에 헛되이 투자한 비용을 잘 모았으면 경차 한 대를 사고도 남았을 거예요.

사실 저는 운동을 과하게 하면 공황장애 증상이 나타납니다. 갑자기 식은땀이 비 오듯 흐르고, 숨이 막히면서 심장이 미친 듯 날뜁니다. 원래 운동을 하면 땀이 나고 심장박동이 올라가며 숨이 차긴 하지만 저는 정말 죽을지도 모르겠다 싶을 정도로 온몸에서 난리가 납니다. 머릿속이

하얘지면서 속은 미식거리고 토할 것만 같죠. 아무것도 못 하고 주저앉아 있거나 그냥 대자로 뻗은 채 한참을 기다려야 합니다. 이것이 공황장애 증상이라는 걸 알기 전에는 그냥 내 몸이 허약한 줄로만 알았어요. '나는 운동을 하면 안 되는 사람이구나. 체력 단련은 포기하고 살아야겠다.' 이렇게 생각했죠.

그런데 조금씩 나이가 들면서 어느 순간 운동을 하지 않으면 안 되겠다는 생각이 들더군요. 나잇살이 생기면서 체중도 늘고, 고혈압과 고지혈증의 위험 신호가 나타나기 시작했거든요. 몸이 재산이라고, 건강이 나빠지면 나 자신뿐만 아니라 가족에게도 큰일이잖아요. 결국 무기력에서 벗어나기 위해서뿐만 아니라 나와 가족의 인생을 지켜내기 위해서도 꾸준하게 운동을 해야겠다고 마음먹었습니다.

운동이 필요한 이유

우리에게 운동이 꼭 필요한 이유가 한 가지 더 있습니다. 일상생활에서 각성과 수면의 리듬을 맞추기 위해서입니다. 앞에서도 언급했듯 수면 호르몬인 멜라토닌은 운동을 비롯한 신체 활동으로 인해 분비가 떨어집니다. 그래서 이른 아침 운동하기를 지속하면 우리 몸은 아침 시간에 멜라토닌 분비를 억제하고, 그러면 일찍 일어나는 습관을 강화할 수 있죠. 낮에 하는 운동은 멜라토닌 분비를 저녁 이후로 몰아줍니다. 운동을 열심히 한 날 밤에 잠이 잘 오는 이유죠. 그리고 앵커링 포인트에 대해서도 이야기했듯 꾸준히 운동을 해온 사람은 생활이 다소 불규칙해졌다고 느껴질 때 일정한 시간에 반복하는 운동을 통해서 삶의 기준점으로 돌아올 수 있어요. 다소 뒤틀렸던 생활 패턴을 운동을 통해서 다잡는 거죠.

운동을 하며 땀을 빼고 나면 스트레스가 확 풀린다는 사람도 있고, 운동을 통해 멋진 몸매를 만들며 기쁨을 느낀다는 사람도 있어요. 공부를 하다 보면 때론 성적이 내 노력을 배신할 때도 있지만, 운동을 통해 만든 몸의 성과는 내 노력을 배신하지 않는다고 말하는 사람도 있죠. 또 어떤 사람은, 저는 이게 바람직한지 잘 모르겠습니다만, 경쟁에서 이길 때의 희열 때문에 운동을 한다고도 합니다. 물론 이렇게 운동하는 사람에게는 부작용이 있을 수 있어요. 항상 이기기만 할 수는 없으니까요. 운동이 생각처럼 안 될 때는 오히려 스트레스가 더 커질 수도 있습니다.

운동을 하기 힘든 이유

여러모로 운동은 우리 삶에 참 중요한데, 왜 우리는 매번 운동을 꾸준히 하기 어려울까요? 이유는 단순합니다. 운동을 하면 몸이 힘드니까요. 의지를 가지고 시작했다가도 힘드니까 하기 싫어지고, 결국 금방 포기해버리죠. 그러니 운동하는 시간을 따로 빼서 정해놓았더라도 핑곗거리로 삼을 만한 다른 일이 생기면 가장 먼저 운동부터 취소해요. 다른 일정을 정리하면 되는데도 말입니다. 운동은 힘들고 피곤하고 그래서 하기 싫으니까 가장 먼저 버리는 선택지가 되는 거예요.

또 남의 눈치를 보거나 남들과 나를 비교하느라 운동을 안 하게 된다고 이야기하는 사람도 있어요. 운동을 하러 갔는데 나만 뚱뚱한 것 같고, 실력이 한참 모자란다고 여기면서 지레 포기합니다. 나는 실력도 제자리고 근육도 잘 붙지 않는데, 나와 비슷하게 시작한 사람들은 실력이 확확 늘고 점점 늘씬해지니까 스트레스를 받는다는 거예요. 내 안의 불안 혹은 자존감이 건드려져 괴로운 거죠. 이렇게 여러 가지 이유로 운동을 미루고 회피하고 포기하게 됩니다.

운동을 루틴으로 만드는 법

운동을 루틴으로 만들기 위해서는 다른 일보다 먼저 행동에 옮겨야 합니다. 바로 '프리멕의 조건화 원리^{Premack} ^{principle}'를 이용하는 것인데요. 쉽게 말하면 힘든 걸 먼저 하라는 것입니다. 편하고 좋아하는 것을 먼저 하고, 그 다음에 힘든 걸 하면 몇 배로 더 어렵고 하기 싫어져요. 그러니 일을 다 마치고 나서 운동을 하려고 하면 운동이 너무 하기 싫어요. 일도 힘들지만 운동은 더 힘들거든요. 그러니 차라리 이른 아침에 운동을 하거나 일하는 중간, 점심시간 등을 이용하면 오히려 운동을 지속할 가능성이 높아지죠.

그리고 건강을 위한 운동이라면 가급적 높은 강도의 운동을 하지 않아야 합니다. 저는 운동하러 가면 운동을 가르쳐주는 코치님에게 가장 먼저 이렇게 말합니다. "절대로 강하게 시키지 말아주세요. 저는 운동을 힘들게 하면 바로 공황장애가 옵니다." 그러면 초반에는 코치님이 제 말을 그냥 웃어넘깁니다. 그러고는 평소 하던 대로 강하게 몰아붙이죠. 아니나 다를까 공황장애 증상이 나타나고 저는 운동하는 중간에 대자로 뻗어버립니다.

그러면 그때 다시 진지하게 이야기하죠. "제가 운동선수를 하려는 게 아닙니다. 그저 건강을 위해 운동하려는 거니까 제 욕심보다 선생님의 욕심을 앞세우지 말아주세요." 그제야 코치님도 제 의도를 이해하고 적당량의 운동만 하도록 도와줍니다.

운동은 너무 힘들게 하면 안 돼요. 그러면 포기하게 됩니다. 운동이 마냥 힘들면 당연히 하기 싫죠. 몸에 열감이 느껴지고 야간 땀이 날 정도로, 나에게 필요한 적당한 강도로 먼저 시작하고 여유가 생기면 그때부터 천천히 운동 강도를 높이는 것이 좋습니다.

그런데 특히 PT를 받으러 가면 처음부터 몰아붙이는 코치가 많습니다. 그래야 눈에 보이는 성과도 나고, 회원들이 비싼 돈을 들여 운동하는 보람을 느끼거든요. 그런데 이 방식은 맹점이 있어요. 금방 포기하게 된다는 거죠. 우리는 루틴으로서 운동을 하려는 거잖아요. 단기간에 살을 빼고 근육을 만들어서 대회에 나가려는 게 아니라요. 그러니 운동의 목표는 가시적 결과가 아니라 꾸준함이 되어야 합니다.

그리고 운동은 가까운 곳에서 간단히 하는 게 좋아요. 가뜩이나 가기 싫은데 30분간 차를 몰고 가서 운동을 해야 한다고 가정해보세요. 이것저것 장비도 챙겨야 하고, 환복도 해야 하고요. 운동을 마치고 나면 땀이 나니 샤워까지 해야 합니다. 이것저것 챙기다 보면 왕복하는 시간을 포함해서 2시간 이상이 소요됩니다.

이렇게 번거로우면 당연히 하기 싫어지겠죠. 작심하고 움직여야 하니까요. 그러니 운동은 그냥 가까운 곳에서 하는 게 좋아요. 그날 입은 옷이 활동하기 편하다면 그냥 그대로 운동해도 됩니다. 가볍게 하는 운동이니 땀도 많이 나지 않을 테고, 그냥 슬쩍 가서 운동을 하고 가벼운 마음으로 일상생활로 돌아오는 거죠. 그렇게 부담 없이 해야 자주 그리고 꾸준히 할 수 있습니다.

다시 한 번 정리하면, 건강을 위해 운동을 루틴으로 꾸준히 하려면 내 몸이 감당할 수 있는 쉬운 운동부터 해야 합니다. 복장을 갖추고 멀리까지 가서 각 잡고 하기보다 접근성이 좋은 장소에서 가볍게 하는 편이 좋으며, 하루 일과를 마치고 하기보다 아침이나 일과 시간 중에 운동을 해야 지속 가능성이 높아집니다. 아무리 좋은 운동이라도 지속 가능성이 없으면 말짱 도루묵이니까요.

부담스럽지 않을 정도로만 하기

하루에 몇 시간씩 운동을 해야 일상 루틴으로 자리 잡을까요? 정답은 '기준 없음'입니다. 1시간이든 30분이든 상관없어요. 그저 내가 부담을 가지지 않고 계속할 수 있는 시간이 중요합니다.

그래서 저는 주로 점심시간을 이용해서 운동을 합니다. 점심시간에는 딱히 식사 이외의 다른 일정이 없거든요. 그래도 간혹 정말 중요한 일이 있으면 운동을 빠지지만, 웬만하면 꼭 운동을 하러 갑니다. 바빠서 틈이 안 날 때는 조금 늦게라도 가서 20~30분만이라도 운동을 하고 금방 다시 일하러 돌아옵니다.

이렇게 할 때의 장점 중 하나는 주변 사람들이 내 운동 루틴을 알고 지켜본다는 거예요. 점심시간이 한참 흘렀는데도 제가 운동하러 가지 않고 뭉그적대면 병원 간호사들이 물어옵니다. "원장님, 오늘은 운동 안 가세요?" 그러면 너무 피곤해서 오늘은 쉴까 하다가도 움직이게 돼요. 괜히 눈치가 보이잖아요.

이렇게 변명의 여지가 없게, 빠져나갈 수 없게끔 환경을 만드는 겁니다. 금연을 할 때도 주변에 금연 중이라는 소문을 내놓으라고 하잖아요. 그러면 주변 눈치가 보여서라도 금연을 할 수 있고, 혹여나 담배를 피우려 하면 주변에서 말려주기도 하고요. 비슷한 원리입니다.

같은 맥락에서 운동을 약속으로 만드는 것도 좋은 방

법이에요. 혼자 운동하려고 하면 높은 확률로 실패합니다. 예를 들어 아침잠 많은 제가 내일 아침에 일찍 일어나기로 마음먹었어요. 그것이 그저 나 자신과의 약속이고, 약속을 깨도 아무도 모른다면 아마 저는 늦잠을 자게 될 거예요. 근데 아침에 누군가를 만나기로 약속이 되어 있다면 어떨까요? 어쩔 수 없이 일어나서 나갈 수밖에 없어요. 운동도 마찬가지입니다. 내가 누군가와의 약속으로 잡아놓으면 계속하기가 수월해요. 그래서 헬스장을 등록하고 '틈날 때마다 가서 나 혼자 운동해야지' 하고 결심하면, 의지가 진짜 강한 사람이 아니고서는 대부분 실패합니다. 그러니 운동 횟수를 줄이더라도 누군가와의 약속으로 만들기를 권합니다. 전문가에게 운동 코칭을 받는 거죠. 배우는 데 비용이 드니까 돈이 아까워서라도 빠지지 않는 효과까지 있습니다.

만약 누군가에게 배우는 게 부담스럽다면 함께할 수 있는 친구를 만들어보세요. 서로 약속이 되어 있으니 안 가면 친구에게 미안해지거든요. 그렇게 운동도 어쩔 수 없이 하게 만드는 부담이 있어야 억지로라도 하게 됩니다.

그리고 계획한 대로 운동을 하고 난 다음에는 스스로에게 보상을 주는 것도 하나의 방법이에요. 운동을 한 날에는 노력한 대가로 평소보다 더 맛있는 음식을 챙겨 먹는 식이죠. 시원하게 맥주 한잔을 마셔도 좋고요. 살이 빠지고 근육이 붙는 모습을 스스로 확인하면서 뿌듯한 마음이 들고, 주변에서 칭찬도 듣고, 궁극적으로 내 몸이 좀 더 건강해지면 그 자체가 보상이 되긴 하지만, 그런 것들은 시간이 걸리는 일이죠. 맨 처음에는 소소한 보상을 통해 나 스스로에게 선물을 해주는 것이 좋습니다.

운동하고 난 뒤 기름진 음식도 먹고 술도 마실 거면 뭐하러 운동을 하냐고 스스로 자책할 필요는 없어요. 우리가 프로 선수를 할 건 아니니까요. 우리가 하려는 운동은 습관이고 루틴입니다. 운동을 어떤 목적 달성을 위한 치열한 노력으로 취급하기보다 그저 나의 건강을 유지하기 위한 하나의 일상생활 정도로 여기는 거예요.

운동을 하며 다소 모자란 부분들이 있어도 크게 신경 쓰지 않아도 됩니다. 끊임없이 하기에는 오히려 조금 부족한 정도가 좋아요. 그러다 욕심이 나면 운동의 강도나 횟수를 늘렸다가 부담이 되면 다시 줄이면서 조절해나가는 거죠. 그러다 보면 자연스레 운동은 일상의 루틴이 되고, 꾸준히 운동을 해나갈 수 있게 됩니다.

식사,
내 뜻대로 조절하며
먹을 수 있다면

사람은 먹기 위해 살까요, 살기 위해 먹을까요? 질문이 좀 이상하다고요? 사람은 기본적으로 살기 위해 먹습니다. 하지만 우리는 단순히 생존만을 위해 먹지 않아요. 먹는다는 행위는 맛, 향, 식사 자리의 분위기, 함께 먹는 사람도 어우러지기에 우리 삶에 여러 가지 즐거움을 가져다줍니다. 더 맛있고 새롭고 자극적인 음식을 찾아 많은 시간을 들여 찾아다닐 때도 있죠. 그래서 이런 질문을 마주하면 잠시나마 고민에 빠지는 것 같습니다.

그런데 가끔 이도 저도 아닐 때가 있어요. 자극적인 음식 앞에서 뭘 먹고 있는지도 모를 정도로 정신을 놓고 먹고 있는 나를 발견하는 순간 이런 생각이 듭니다. '내가 먹

기 위해서 먹었구나.'

지금부터 이런 일을 방지하기 위한 식사 조절에 대해 이야기하고자 합니다.

맘대로 먹으면 왜 안 될까?

우리가 음식을 조절하는 가장 큰 이유는 건강을 위해서예요. 운동과 마찬가지로 식사도 잘 해야 건강한 신체를 유지할 수 있죠. 그리고 외적인 매력을 위해서도 음식 조절이 필요합니다. 너무 살찌거나 마르면 보기 좋지 않잖아요. 우리가 운동과 식습관 관리를 하는 건 내가 남들에게 어떻게 보일지를 신경 쓰기 때문이기도 합니다. 가끔 직업 때문에 외모를 관리해야 하는 사람도 있습니다. 예를 들어 헬스 트레이너인데 많이 살쪄 있거나 근육이 하나도 없다면 고객들이 '저 트레이너한테 운동을 배우면 과연 건강해질 수 있을까?' 생각하겠죠. 이런 사람들은 직업적인 이유로 운동과 식단 관리를 철저하게 하면서 몸 관리를 해요.

제 경우 너무 비만하거나 비실비실해 보인다면 진료를 온 환자들이 저에 대한 신뢰가 떨어지지 않을까요? '저 의사는 자기 건강은 제대로 챙기고 있는 걸까? 과연 나를 잘 치료해줄 수 있을까?' 의문을 가질 수 있어요.

직업과 상관없이 적당한 체격에 적당한 몸매는 타인에게 안정감을 주죠. 식사 조절은 자기 관리의 기본이고, 그렇다 보니 사람에 대한 신뢰감도 높여주는 것 같습니다.

음식 앞에서 무너지는 과정

어느 정도 나이가 드니까 나잇살이라는 게 생기더라고요. 난 분명히 평소와 똑같이 생활하고 있는데, 운동도 평소대로 하고 먹기도 평소대로 먹는데 조금씩 군살이 붙습니다. 관리를 해도 내 몸이 예전 같지 않아요. 그래서 더 빡빡하게 조절을 합니다. 운동도 더 열심히 하고 식단도 신경 쓰고요. 일은 일대로 힘들게 하면서 자기 관리도 치열하게 해야 하는 건 굉장히 스트레스 받는 일이에요. 그러다 보면 결국 어느 날 고삐가 풀려버립니다.

스트레스가 머리끝까지 찬 어느 날, 집에 가만히 있다 보면 갑자기 '냉장고에 뭐 먹을 게 없나? 뭐 좀 시켜 먹을까?' 하면서 이것저것 찾아서 막 먹기 시작해요. 이럴 때는 달거나 맵거나 기름진, 자극적인 음식이 주로 당기죠. 탄수화물과 당 폭탄을 먹기도 합니다. 그럴 때는 제정신이 아니에요. 그저 먹기 위해서 먹는 거죠. 신기한 건 그렇게 이것저것 먹고 나면 스트레스가 좀 풀리는 것 같다는 거예요.

하지만 그러고 나면 죄책감이 밀려오죠. 너무 많이 먹은 게 아닐까 싶고, 속도 더부룩하고 불편해요. 살이 찔 것 같아 두렵기도 합니다. 그렇게 속이 불편하고 불안한 마음이 커지면 화장실에 가서 먹은 걸 다 토해냅니다. 이런 일이 몇 번 반복되면 먹고 토하는 것도 습관이 되죠. 아무리 먹어도 토해버리면 그만이니 다행이라 생각할지 몰라도 정신과적으로는 폭식증Bulimia nervosa의 상태로 넘어가버립니다.

음식을 조절하지 못하는 이유는 여러 가지가 있습니다. 배가 고파서 허기짐을 느낄 수도 있지만, 정서적인 허무함을 먹는 것으로 채우려 하기도 해요. 인생에 행복과 즐거움이 없는 때가 있죠. 그럴 때 손쉽게 채울 수 있는 즐거움을 좇는 거예요. 우울할 때 단 걸 먹으면 정신이 번쩍 든다고 하죠. 축 처진 우리 몸을 깨우는 것이 가장 기본적인 영양분인 단당류의 역할이니까요.

강력한 자극을 통해 만족감을 얻고 나면 점차 그 행동에 중독됩니다. 자극이나 행위 중독으로 넘어가는 거죠. 그리고 최종적으로는 포기하게 돼요. '에이 몰라. 이 나이에 그렇게 따져서 뭐 하겠어? 살이 찌면 찌는 거지, 뭐!' 하면서요.

포기하면 편해요. 하고 싶은 대로 하면 되니까요. 그런데 이렇게 무제한으로 먹으면 어떻게 될까요? 내 몸이 급격하게 망가집니다. 그리고 어느 순간, 거울 속의 나를 보고 깜짝 놀랍니다. '이게 진짜 나야? 난 이렇지 않았는데….' 그러면서 우울해지기 시작하는 거예요. 몸도 마음도 점점 고장 나는 거죠.

도파민과 세로토닌 이해하기

음식 조절은 우리 뇌의 신경전달물질 중에서 도파민 dopamine, 세로토닌 serotonin과 밀접하게 연관되어 있어요. 도파민과 세로토닌은 우울증, 불안증, 강박증 같은 증상과 연결됩니다. 도파민은 '쾌감, 흥분, 집착의 호르몬'이라고도 불립니다. 이것이 적절한 수준일 때는 어떤 일을 잘 해내고자 하는 의지가 샘솟아요. 그런데 과하게 높아지면 '집착'의 성격으로 바뀝니다. 어느 하나에 확 꽂히는 거예요. 그게 음식이 되면 앞에서 이야기한 '먹기 위해 먹는' 상황이 되는 거죠.

재미있는 건 도파민 호르몬 수치가 낮아도 음식 조절

에 문제가 생긴다는 사실이에요. 에너지가 부족한 느낌이 들고 멍해지며 처지는 거예요. 그래서 어떤 자극에 저항할 힘도 사라집니다. 자제력이 떨어지는 거죠. 맛있는 음식이 눈앞에 있을 때 예전에는 내 의지로 자제할 수 있었는데, 그냥 욕망이 가는 대로 먹게 됩니다.

우울증 치료제로 많이 알려진 세로토닌은 우리가 평정심과 여유로운 마음을 가질 수 있게 도와줍니다. 마음을 편안하게 해주는 물질이죠. 그런데 세로토닌도 너무 과하면 '좋은 게 좋은 거지', '될 대로 돼라' 식이 되어버려요. 여유가 너무 과해지는 거예요. 그러니 음식 앞에서도 살이 찌든 말든 상관없이 그냥 마음 편히 먹게 됩니다.

그럼 세로토닌이 부족할 땐 어떨까요? 마음에 여유가 없으니 긴장도가 높아지면서 스트레스에 취약해져요. 스트레스를 받으면 먹는 걸로 푸는 사람들이 있습니다. 아주 맵거나 단, 자극적인 음식에 빠져들기도 하죠. 세로토닌이 부족하니 더 스트레스를 받게 되고, 딱히 풀 방법이 마땅치 않으니 그저 입 안에 뭔가를 넣는 단순한 즐거움으로 스트레스를 해소하려 하는 겁니다.

결국 결론은 무엇일까요? '균형'입니다. 우리 몸 안에서 모든 물질은 균형을 이뤄야 합니다. 신경전달물질이든 호르몬이든 말이에요. 그래서 여러 신경전달물질이 균형을 이루면서 마음이 평안한 상태여야 우리는 안정적으로 식습관 조절을 할 수 있어요.

반대로 너무 스스로를 몰아붙이고 자제하며 식습관을 다잡으려 들면 초반에는 조절이 되는 것 같다가도 어느 순간 폭발해버립니다. 잘 나가다가 확 삐뚤어지는 거죠. 당연히 건강하지 않은 방법입니다. 우리에게 중요한 건 루틴이에요. 적당한 수준을 일관되게 유지하는 것, 식습관에서도 그것이 바로 올바른 루틴입니다.

잘 자는 사람이 식사 조절도 잘한다

다이어트에 관심 있는 사람이라면 렙틴leptin이라는 호르몬에 대해 들어봤을 거예요. 뇌에서 분비되는 호르몬인 렙틴은 우리로 하여금 포만감을 느끼게 합니다. 이것은 주로 잘 때 많이 분비되기 때문에 우리가 잠을 잘 잘 때는 이 호르몬 덕에 뭔가를 먹지 않아도 만족스러워요. 포만감이 유지되니 배고픔을 잘 느끼지 못하고, 음식을 먹을 필요도 없는 거죠.

하지만 잠을 못 자면 렙틴 분비가 잘 안 돼요. 그러면 포만감을 잘 느낄 수 없겠죠? 밤늦게까지 일하거나 밤새

놀았던 날을 떠올려보세요. 집에 오면 어떤 음식이 당겼을 거예요. 네, 라면이요. 분명히 저녁을 충분히 먹고 야식도 먹었는데도 탄수화물을 포함한 자극적인 음식들이 생각나요. 제때 잠을 자지 않으니 렙틴이 떨어지며 포만감을 느끼지 못하게 되는 거죠.

이렇게 보니 지금까지 이야기한 수면, 운동, 식사는 서로 다 연결되어 있는 셈이네요. 적절한 시간에 운동을 해야 잠도 잘 자고, 잠을 잘 자야 식욕도 잘 조절된다는 사실을 확인할 수 있습니다.

나만의 식사 루틴 만들기

잘 자는 사람이 식습관 조절도 잘할 수 있다는 뜻은 일상 리듬이 잘 잡혀 있을 때 좋은 식습관도 생긴다는 의미입니다. 그래서 건강한 식습관을 위해서는 수면, 운동 등을 포함한 기본적인 일상 루틴을 잘 지켜나가는 것이 중요합니다. 반대로 좋은 식습관을 통해 일상 리듬을 잡을 수도 있어요.

제가 꼭 이야기하고 싶은 것은, '이런 게 좋다, 저런 게 좋다'는 남들의 말을 맹신하지 말자는 겁니다. 식습관은 개인의 선호가 크게 반영되는 분야예요. 그래서 개개인이 자기만의 루틴을 만드는 것이 무엇보다 중요합니다. 아무리 유명한 의사가 하는 말이라도 막상 나에게 안 맞는다면 그건 내 방식이 아닌 거예요.

제 경우를 예로 들면 이렇습니다. 보통 다이어트를 할 때 밤에 먹으면 살이 찌니까 아침과 점심을 잘 챙겨 먹고 저녁은 건너뛰거나 가볍게 먹으려고 하죠. 그런데 앞서 말했듯이 프리맥의 조건화 이론에 따르면 좋은 건 뒤에 놔둬야 해요. 식욕을 참는 것은 힘든 일입니다. 그래서 저는 아침과 점심을 가볍게 먹고 저녁은 잘 먹으려고 해요. 저녁에 맛있는 음식을 먹겠다고 생각하면 아침과 점심을 조절하는 게 수월하더라고요. 또 저는 술도 좋아하니 아침과 점심을 잘 먹기보다는 차라리 저녁에 술과 함께 좋아하는 음식을 먹는 편을 택합니다.

누군가는 이런 식습관이 좋지 않다고 평가할 수도 있겠죠. 그렇지만 제 경험상 다른 방법으로는 식사 루틴을 잡기가 어려웠습니다. 100% 건강한 식사 습관은 아니더라도 그렇다고 건강을 해칠 수준은 결코 아닌, 제게 맞는 루틴을 찾은 거예요. 꾸준히 식사량과 체중을 건강하게 유지해나갈 수 있는 제 나름대로의 방법인 거죠.

각자의 선호에 맞추되, 내가 좋아하는 건 뒤로 미루고

내가 어려워하는 것, 참기 힘든 것을 먼저 한다는 원칙만 지킨다면 누구나 꾸준히 유지할 수 있는 식사 루틴을 만들 수 있습니다. 물론 몸에 해로운 식단만으로 루틴을 채운다면 안 되겠지만 말이에요.

마지막으로 내 노력이 담기지 않은 다이어트는 가짜라는 것을 기억하세요. 다이어트 약은 조심하고 경계해야 합니다. 특히 펜터민phentermine 계열의 디에타민dietamin을 포함해서 각성제 계열의 약을 복용하는 다이어트는 꿈도 꾸지 마세요. 양약이든 한약이든 다이어트 약을 먹었는데 정신이 더 깨어나는 것 같고 예민해지는 것 같다면 그것은 각성 성분 때문입니다. 당연히 정신적으로 좋지 않아요. 심한 경우에는 환각 증상과 우울증의 위험까지 있습니다.

다이어트를 할 때는 욕심을 내면 안 됩니다. 약으로 무리하게 하는 다이어트는 결국 원래대로 다시 돌아오는 걸 넘어서 폭식과 같은 건강하지 않은 식습관을 초래할 수 있습니다.

최근에는 '위고비'와 같은 주사제 형태의 차세대 비만 치료제도 있기는 합니다. 각성 계열의 다이어트 약보다는 이런 약이 부작용이 덜하고 효과도 있다고는 하지만, 그래도 약은 약이에요. 이런 약으로 체중 조절에 성공하더라도 약을 끊으면 결국 효과가 없습니다. 그러니 건강을 위해 꼭 필요해서 주사제 형태의 비만 치료제를 사용한다 하더라도 식단과 운동을 반드시 병행해야 합니다.

약의 도움이 있건 없건 루틴은 루틴 자체로 중요합니다. 그래야 내가 원하는 건강한 체중을 만든 이후에도 꾸준히 유지할 수 있어요.

자기계발,
작고 꾸준한 노력으로
나를 키우기

우리가 지켜야 할 마지막 일상 루틴은 '자기계발'입니다. '개발'과 '계발'의 차이를 헷갈리는 사람이 많을 거예요. '개발'은 내가 가진 능력을 더 깊게 파고들어 키우는 것이고, '계발'은 잠재되어 있는 능력을 새롭게 만들어서 삶의 영역을 확장하는 것입니다.

이 책에서는 편의상 두 가지 의미 모두를 포함해서 '자기계발'이라고 쓰겠습니다. 우리가 그냥 현재에 안주하며 살아간다면 굳이 자기계발을 할 필요가 없겠지만, 내가 더 나은 삶을 지향하고 성공에 대한 욕심이 있다면 이 두 가지를 다 가져갈 수 있는 루틴을 만들어야 합니다.

힘들어도 계속해야 하는 일

한 영역에 깊게 파고드는 것은 당연히 지루하고 고단한 일입니다. 모르는 영역을 배우며 확장시켜나가는 것도 낯설고 귀찮은 일이죠. 종으로의 확장과 횡으로의 확장 모두 어려워요. 둘 다 시간과 노력과 비용을 투자해야 하죠. 그럼에도 불구하고 치열한 경쟁 사회에서 살아남기 위해, 성취에 대한 저마다의 욕심을 충족하기 위해 우리는 개발과 계발을 계속하며 살아가야 합니다. 피아노를 배울 때를 떠올려볼까요? 처음 건반을 두드리고 도레미 소리를 낼 때는 어떻게 이런 맑은 소리가 날까 신기하고 재미있잖아요. 새로운 것을 처음 배울 때의 호기심은 '자기계발의 기쁨'을 만들어주죠. 그런데 바이엘, 체르니… 난이도가 높아질수록 손가락이 꼬이면서 연주도 엉망이 되니 듣는 것도 치는 것도 괴로워집니다. 소질도 없는 것 같은데 왜 내가 이걸 계속하고 있나 싶고 그만두고 싶죠.

하지만 이 고통의 시간을 잘 견뎌내고 꾸준히 하다 보면 '1만 시간의 법칙'이 발휘됩니다. 삶에서 어떤 분야에든 지속적으로 시간을 투자하다 보면 어느 정도 준전문가가 될 수 있어요. 전문 피아니스트까지는 아니어도 사람들 앞에서 꽤 듣기 좋은 음악을 연주할 수 있게 되는 거죠.

나만의 멋진 취미가 하나 생기는 거예요. 이러한 성취는 삶에 기쁨과 행복감을 선사합니다. 자기계발은 이렇게 우리 삶을 풍성하게 만들어주죠.

뻔한 말일수록 삶의 단순하고 중요한 진리를 담고 있습니다. '사서 고생'을 할 필요는 없지만 '고생 끝에 낙'이 오거든요. 쓸데없이 고생할 필요는 없지만, 내가 이루고자 하는 목적이 있다면 고생을 감수해야 합니다. '성공'이라는 긍정적인 감정을 얻기 위해서는 '노력'이라는 부정적인 감정의 강을 필히 건너야 하죠.

그 지난하고 괴로운 시간을 조금이나마 수월하게 견뎌내기 위해 필요한 기술이 바로 루틴입니다. 자기계발에 필요한, 괴로운 1만 시간을 하루하루의 단위로 쪼개는 거예요. 그렇게 해서 그나마 우리가 받아들일 수 있을 정도의 강도로 일상 속에 녹여내는 거죠. 부담스러운 빅 스텝 대신 수월한 스몰 스텝으로 말입니다.

'틈틈이 루틴'이 답이다

개발과 계발 모두 시간을 투자해서 익숙해져야 하는 일입니다. 우리가 학교에서든 직장에서든 일상에서 가장 많이 시도하는 자기계발이 공부나 취미 활동일 거예요.

공부라면 입시, 자격증, 이직 준비, 외국어 등이겠고, 취미 활동은 독서, 글쓰기, 악기 연주를 비롯해 운동도 실력을 키우기 위한 자기계발이죠.

진료실에서 이야기를 나누다 보면 많은 사람이 이런 이야기를 합니다. "저는 자기계발을 위해 항상 노력하려 하고 계획도 세우는데, 결국 집에 돌아오면 아무것도 안 하고 쉬어버려요. 그러고는 늘 후회하죠. 저는 왜 이럴까요?"

앞서 이야기했든 모든 영역의 루틴은 만들기가 쉽지 않습니다. 하기 어려운 일들이니 루틴을 만들기 위한 노하우가 필요한 거잖아요. 수면과 식사는 살아가기 위해 반드시 필요한 생활 활동이라 기존의 습관을 건강한 방향으로 재조정해 가는 것이 루틴입니다. 한편 자기계발은 우리 삶을 새로운 방향으로 발전시키기 위한 노력이라 신체 건강을 증진시키려는 운동과 비슷하죠. 즉 우리 일생에 새롭게 집어넣어야 하는 활동입니다. 그러니 당연히 다른 루틴보다 만들기가 힘겨워요.

우선 자책을 멈추어야 합니다. 제게 정기적으로 진료를 보러 오는 환자가 이번에도 노력하지 못하고 또 게으르게 보냈다며 자신을 탓하면 저는 먼저 자책부터 멈추라고 이야기합니다. 오히려 자책을 반복할수록 '나는 역시 안 되나보다' 하며 포기해버리거든요. 그러니 자책을 하기보다 게을리 미룬 이유를 찾아보자고 제안합니다.

자기계발은 일상에 억지로 끼워 넣는 활동입니다. 그게 공부든 독서든 취미든 말이죠. 그러니 그 활동이 필요한 이유가 절박하지 않으면 자연스레 미루게 됩니다. 지금 당장 해야 할 중요한 활동이 더 많고, 그걸 하다 보면 시간은 없고 몸은 피곤하니 뒤로 미루는 거죠.

예를 들어 제가 지금 이 책을 위해 글을 쓰는 행위도 저에게는 자기계발입니다. 진료는 아니니 제 삶에 직접적으로 꼭 필요한 활동은 아니지만, 정신과 의사로서 사회적 정체성을 확장하고 깊이를 만들어가는 과정이죠. 그러니 자연스럽게 일상의 우선순위에서 밀릴 수밖에 없지만, 다시 정신을 차리고 글을 쓰고 있는 겁니다.

그런데 다들 자기계발 활동을 억지로라도 하는 이유는 뭘까요? 바로 '발등에 불'이 떨어졌기 때문입니다. 즉 자기계발을 할 때는 내가 노력해야 할 이유가 절실해야 움직이게 됩니다. 몸이 비만해지고 건강에 적신호가 켜져야 정기적인 운동을 시작하게 되는 것처럼, 자기계발도 편입이나 이직 등 내가 꼭 해야만 할 절실한 이유가 뚜렷해져야 귀찮고 피곤해도 자리에 앉아 시작할 수 있습니다. 취미 활동 역시 멋진 취미를 즐기는 친구들의 모습을 보고 부러운 감정이 들거나 내 인생이 밋밋하다고 느끼는 순간부터 틈을 내서 하게 되는 거죠.

그리고 자기계발을 위해 적절한 시간을 정해놓는 노하우가 필요합니다. 저는 운동이든 공부든 취미든 일과 시간 이후에 하는 것을 권하지 않습니다. 하루 일과를 마친 저녁 시간은 내가 쉴 수 있는 시간이잖아요. 그 귀한 시간을 하기 싫은 일에 쏟는 것만큼 괴로운 일이 없습니다. 아침에는 일과를 마치고 반드시 공부하겠다고 마음먹지만, 막상 저녁이 되면 몸이 비비 꼬입니다. 그러다 친구에게 연락이라도 오면 고양이가 생선을 만난 듯 쪼르르 따라나가게 되죠. 유혹에 약해질 수밖에 없는 거예요.

그러니 정말 절실하지 않는 한 자기계발을 저녁 시간 루틴으로 만들기는 어렵습니다. 야근을 해야 하거나 저녁 약속이라도 생겨버리면 바로 루틴이 깨져버릴 테니까요. 차라리 아침이나 일과 시간 중 혹은 주말 낮 시간을 확보하는 게 그나마 지속 가능성을 높일 수 있는 방법입니다. 이때가 우리의 의지가 작용할 가능성이 높은 시간들이거든요.

그리고 혼자 자신만의 의지에 기대기보다 학원을 다니거나 친구와 약속하여 같이 하는 방식으로 나의 본능적인 회피가 발동하지 않게 스스로를 통제하는 것도 좋은 방법입니다.

꼭 한두 시간씩 시간을 따로 내야만 자기계발이 가능한 건 아니죠. 취미처럼 가볍게 하는 자기계발이라면 저는 '틈틈이 루틴'을 제안합니다. 출근 시간 30분, 퇴근 시간 30분, 평소보다 일찍 출근하여 30분, 점심 식사를 조금 일찍 마치고 30분, 잠자리에 들기 전 침대에서 30분…. 이렇게 자기계발을 할 수 있는 틈새 시간을 모아보는 거예요.

이렇게 틈새의 시간이 쌓이면 무시 못 할 시간이 됩니다. 라디오나 팟캐스트, 유튜브 등을 통해서 외국어 공부를 하고, 앱을 이용해서 명상을 하고, 음악 평론을 찾아가면서 클래식이나 재즈를 들어보고, 시집이나 소설이나 수필 등을 들고 다니거나 침대 머리맡에 두고 틈틈이 읽는 거죠. 아무 계획 없이 그냥 두면 스마트폰을 들여다보다가 의미 없이 흘려보내기 십상인 이런 시간을 잘 모아서 자기계발을 위해 알차게 쓰는 거예요.

주의할 점은, 영어 단어 외우기나 학술 서적 읽기 같은 어렵고 지루한 내용의 자기계발을 틈새 쉬는 시간에 해서는 절대로 안 됩니다. 앞서 예를 든 것들처럼 약간의 재미나 흥미 유발이 되어야 틈새 시간을 이용해서 할 수 있습니다.

자기계발을 루틴으로 만드는 원리

우리의 뇌 고위 중추에는 고도의 집중과 끈기, 의지를 관장하는 곳이 있어요. '집행 네트워크Executive network'라고 하는데, 내가 뭔가를 치밀하고 완벽주의적으로 해나가려는 영역, 즉 일 처리를 꼼꼼하게 하라고 명령하는 곳이에요. 한마디로 '집행력'이라고 하죠. 집행력이란 내 삶에 꼭 필요한 부분을 귀찮고 힘들더라도 계획적으로 꼼꼼하게 일상생활에 추가하는 능력입니다. '일상의 루틴 더하기'라고 말할 수 있어요.

집행 네트워크의 명령에 충실히 따르면 우리는 완벽주의자가 됩니다. 놓치는 것 없이, 빈틈없이 치밀하게 살아갈 수 있죠. 그런데 그렇게 살면 어떻게 될까요? 찔러도 피한 방울 안 나오는 로봇 같은 사람이 될 수도 있겠지만, 우리 모두가 그런 철인은 아니잖아요. 보통의 사람이 집행 네트워크로만 살아간다면 결국 지쳐버립니다. 번아웃이 와요. 제아무리 에너지가 넘치는 사람이라도 집행 네트워크로만 일상을 살아가면 마찬가지로 결국 지칠 거예요.

그래서 집행 네트워크를 보완해주는, 뇌의 또 다른 고위 중추를 발동시켜야 합니다. 뇌과학에서는 이를 '통제 네트워크Control network라고 합니다. 이 능력을 '통제력'이라고 하죠. 통제력은 일종의 자제력으로, 내가 하지 않아야 할 일을 안 하게끔 도와주는 힘이에요. 집행력과 유사하게 고도의 집중력이 필요하죠.

집행력이 의지라면 통제력은 자제력입니다. 집행력은 점점 더 많은 것을 치밀하게 해내게끔 하는 반면, 통제력은 내가 해야 할 일들 중 우선순위를 가려서 불필요한 부분을 끊어내게 합니다. 우리는 이 통제 네트워크 덕분에 불필요한 영역은 비우고, 꼭 해야 하는 영역만 골라낼 수 있죠. 즉 집행 네트워크가 '일상 루틴 더하기(+)'라면 이 통제 네트워크가 '일상 루틴 덜어내기(-)'로 일의 균형을 맞추면서 우리가 번아웃에 빠지는 것을 막아주는 거예요.

그러니 통제 네트워크는 우리가 효율적으로 살 수 있게 도와주는 기관이라고 말할 수 있어요. 꼭 필요한 영역에 에너지를 집중하고, 미련은 있지만 에너지를 갉아먹는 일은 그만둘 수 있게 하죠. 과한 욕심을 통제해주는 겁니다.

완벽주의적인 성향을 가진 사람들은 집행 네트워크가

항상 과하게 활성화되어 있기 때문에 반대로 통제 네트워크를 억지로라도 발동시키려 애써야 합니다. 그래야 우리가 지금 이야기하는 '아주 작은 루틴'을 실천할 수 있습니다. 부족하더라도 일단 실행하면서 몸에 익히고 발전시켜 나가는 것, 사소한 일이라도 꾸준히 실천하는 것이 아주 작은 루틴이죠.

대개 우리는 더 노력하는 것이 어렵고 노력을 줄이는 일은 오히려 쉽다고 생각합니다. 그런데 막상 현실에서는 노력의 목표를 높게 세우는 편이 더 쉽습니다. 한 단계 낮추는 일이 참 어렵죠. 아니러니 하지만, 이건 바로 욕심 때문입니다.

일상의 루틴은 일이 아닙니다. 삶을 성장시키는 활동을 우리 생활에 꾸준히 녹여내는 거죠. 그러니 일상의 루틴에서 통제 네트워크를 적용하는 방법은, 우리는 본능적으로 욕심이 많다는 사실을 인정하는 데서 시작합니다.

나는 항상 목표를 높게 잡는 것이 기본값이니 내가 자기계발을 꾸준히 하려면 일단 목표치를 50%로 낮추는 것, 그리고 작은 성과라도 이룰 수 있는 일상의 루틴을 만드는 데서 시작하는 겁니다. 50%가 너무 낮다고요? 안 하는 것보다 무조건 낫습니다! 그것이 충분히 익숙해지고 일상이 되면 조금씩 늘리고, 그러다가 또 하기 싫어지면 다시 줄이고, 또다시 늘리고 줄이고를 끊임없이 반복하며 지속해나가는 게 무엇보다 중요합니다.

집행 네트워크가 활발히 활동해서 빅 스텝만 노리면 일상 루틴을 만들 수 없습니다. '큰 거 한 방'만 노리다가 번아웃으로 나가떨어지는 사람을 정말 많이 봤어요. 욕심을 버리고, 작고 짧은 것을 오랫동안 해나가는 것이 선순환 구조의 시작입니다 그것이 선행될 때 우리 삶은 조금씩 더 나아집니다. 뿐만 아니라 무기력에서 벗어날 수도 있고, 성취감을 느끼면서 더 큰 일을 도모할 수 있는 동력도 얻을 수 있죠.

우리 삶에는 정말 다양한 일상 요소가 있습니다. 그중 제가 가장 중요하다고 손꼽는 네 가지, 즉 수면, 운동, 식사, 자기계발을 어떻게 관리해나갈지를 지금까지 이야기했습니다. 이 네 가지를 한꺼번에 시작할 필요는 없습니다. 우리에게 중요한 건 스몰 스텝이잖아요. 내가 가장 중요하다고 생각하는 것 혹은 가장 쉬워 보이는 것 한두 개만 골라서 우선 시작해보길 바랍니다.

그리고 일상 루틴이 이 네 가지만 있는 것도 아닙니다. 내 삶의 풍요와 성장을 위해 필요한 생활 요소라면 또 다른 일상 루틴의 대상이 될 수 있겠죠. 그럴 경우 앞서 네 가지 활동 영역에서 언급한 노하우를 나에게 필요한 다른 활동에도 얼마든지 적용할 수 있습니다.

　루틴은 우리 삶의 기준점을 잡아두는 것입니다. 기준점이 있으면 만약 환경적인 돌발 상황이 터져서 우리 일상의 생활 리듬이 흐트러진다 하더라도 우리는 결국 원래의 일상 루틴을 중심으로 돌아올 수 있습니다. 이를 기점으로 선순환 구조를 만들어놓으면 때때로 원치 않는 것들이 끼어들더라도 우리 삶의 수레바퀴가 원활하게 굴러갈 수 있을 거예요. 이것이 우리가 일상에서 끊임없이 루틴을 만들어가야 하는 이유입니다.

3장

상처받지 않고
나를 지키는 법

인간관계 루틴

열심히 살수록
더 많이 상처받는다

　사람은 관계 속에서 살아갑니다. 사람들과의 관계는 우리 삶에 가장 큰 영향을 주는 요인 중 하나죠. 그래서 우리는 다른 사람들과 잘 지내고 싶어서, 그들에게 더 잘 보이고 싶어서 무리하기도 합니다. 자기 마음과 에너지를 소모하면서까지 상대에게 지나치게 잘해주지만, 종종 그 애씀은 상처로 내게 돌아옵니다. 이러한 인간관계에서의 어려움이 반복되면 사람들이 싫어지고 나아가 관계 맺기 자체를 회피하게 되기도 해요.

　저는 상처를 많이 받는 편입니다. 어릴 때도 소심한 편이었어요. 저처럼 상처를 잘 받고 소심한 사람을 우스갯소리로 '쿠크다스 멘탈'이라고 부르죠. 멘탈이 과자처럼 부서지기 쉽다고 말이에요. 여기에 연결되어 '유리 멘탈', '두부 멘탈' 등 소심한 사람을 일컫는 다양한 표현이 있는 걸 보면 저처럼 쉽게 마음의 상처를 받는 사람이 많은 것 같습니다. 한편으론 사람들끼리 복잡하게 섞여 살다 보면 서로 상처를 주고받으며 살 수밖에 없기도 해요. 그럴 때 는 저를 포함해서 우리가 인간관계에서도 너무 이상적이 고 완벽한 그림을 그리고 있진 않은지 생각해볼 필요가 있습니다.

상처를 잘 받는 사람의 특징

한동안 MBTI 심리검사가 열풍이었죠. 자기소개 필수 항목일 정도로요. MBTI의 네 가지 영역의 각 항목은 저명 한 정신분석가인 카를 구스타프 융Carl Gustav Jung의 심리 유 형론에 이론적 배경을 두고 있습니다. 그런 면에서 보면 나름 정신의학적 기반의 검사라고 할 수 있지만, 다만 이 검사를 만든 사람이 정신의학자나 심리학자가 아닌 미스 터리 소설가인 이사벨 브릭스 마이어스Isabel Briggs Myers라는 데 문제가 있어요. 검사에 대한 신뢰도나 타당도 연구도 이루어지지 않았죠. 때문에 정신과 의사로서는 그리 신뢰 할 수 있는 검사가 아니지만, 그래도 많은 사람이 이해하기 쉽게 MBTI 성격 유형을 예로 들어 설명해볼게요.

결론부터 말하면 MBTI의 항목 중 '주의 초점'에서는 E(외향형)인 사람보다 I(내향형)인 사람이, '판단 기능'에서는 T(사고형)인 사람보다 F(감정형)인 사람이 인간관계에서 상처를 받을 가능성이 더 큽니다.

외향형 사람은 다른 사람들과 함께 있을 때 에너지를 얻고, 혼자 있을 때는 에너지를 씁니다. 에너지를 쓴다는 건 내가 예민하게 신경을 쓰고 있다는 의미이기도 합니다. 그러니 외향형 사람들은 타인과의 관계에서 즐거움에 집중하고, 상처를 받아도 금방 흘려보내거나 신경 쓰지 않고 지나치는 경우가 많습니다. 오히려 혼자 있을 때 외로움에 스스로 상처받을 수는 있겠죠.

반면 내향형 사람은 인간관계에서 에너지를 씁니다. 혼자 있을 때 더 편안하고 위안을 얻지만, 사람들과 함께 할 때는 예민해져요. 주변 사람들의 반응이나 눈치를 살피면서 복잡하게 생각하기 때문에 아무래도 사람으로 인한 상처를 더 잘 받죠.

사고형 사람과 감정형 사람도 비교해볼까요? 사고형 사람은 인간관계에서 어떤 일이 일어나면 왜 이런 일이 생겼는지, 일을 해결하기 위해서는 어떻게 접근해야 할지를 먼저 생각해요. 분석적으로 파고드는 거죠. 하지만 감정형 사람은 어떤 일이 일어나면 그 일과 관련된 사람들이 그것을 어떻게 느낄지를 먼저 생각합니다. 이 일로 인해 즐거움을 느끼는 사람은 누구인지, 반면에 서운함을 느끼는 사람은 없을지를 살피면서 그 감정에 공감하죠. 그러니 감정형 사람이 인간관계에서 감정적 교류도 잘하지만 그만큼 마음의 상처도 잘 받습니다. 그러다 보니 '너 T냐?', '너 F냐?' 하는 식의 밈meme처럼 T는 이성만 있는 냉혈한으로, F는 감정만 풍부한 철부지로 비교되기도 하죠.

사고형 사람들은 마음에 상처를 입고 힘들어하는 사람을 만나면 상대에게 필요한 조언을 한답시고 더 상처를 주는 말을 아무렇지 않게 할 때가 있어요. "지금 네가 힘든 이유는 말이지, 이러이런 걸 잘못했고, 그러니까 이렇게 대처해야 하고, 앞으로 같은 일을 겪지 않으려면 이렇게 해야 해" 하는 식으로요. 이러면 감정형 사람들은 당연히 서운하죠. "많이 힘들겠다. 걔가 진짜 나빴네." 이런 반응을 기대했는데 말이에요. 그런데 여기서 외향형 사람이나 사고형 사람은 자신이 상대방에게 상처를 주고 있다는 사실조차 몰라요. 인식 체계와 대화 체계 자체가 다른 거죠.

한편 감정형 사람은 모든 사람이 다 자기처럼 상처받는 줄 압니다. 공감 능력이 뛰어나잖아요. 그러니까 내가 상처받는 만큼 남도 상처받았다고 생각해서 엄청난 배려와 위로를 하는 거죠. 내가 겪은 일은 아니지만 같이 울어주고, 같이 흥분하고, 같이 화내는 식으로요.

이때 상대방이 사고형 사람이면 '얘가 왜 이렇게 오버를 하지?' 생각하면서 오히려 당황스러워 할 거예요. 그러면 그런 감정을 읽은 감정형 사람들은 어떨까요? 그 반응에 또 상처를 받아요. 생각만 해도 피곤하다고요? 이런 마음을 이해 못 한다면 당신은 T일 확률이 높고, 이런 반응에 상처를 입는다면 F일 확률이 높아요. 물론 제가 장난을 섞어 더 과장한 표현이지만요.

결국 우린 서로와의 관계에 있어서 외향과 내향, 사고와 감정에 있어서 양쪽의 균형이 필요한 셈입니다. '나는 E고 너는 I야', '나는 T고 너는 F야' 하는 식의 이분법으로 서로를 규정짓는다면 관계에서의 상처는 더 강화되겠죠. 나와 타인을 규정하기보다는 스스로를 바라보며 상처주기 쉬운 입장에서는 내가 상대에게 상처를 주는 건 아닐지, 그리고 상처받기 쉬운 입장에서는 내가 너무 쉽게 상처받기를 자초하는 건 아닌지 돌아보는 거예요. 그러면

서로 상반된 에너지가 균형을 찾으며 불필요한 갈등도 사그라들 수 있습니다.

인간관계에도 훈련이 필요하다

혹시 누군가에게 '뒤통수를 세게 맞았다'고 말할 정도로 크게 데어본 적 있나요? 저는 진료실에서 그런 경험을 하고 저를 찾아오는 분을 꽤나 만납니다. 그러면서 그들에게 한 가지 공통점을 발견했습니다. 대부분 사회생활을 굉장히 열심히 해왔다는 거예요.

우리는 누구나 인생에서 성공하고 싶죠. 그저 그렇게, 그냥저냥 살고 싶은 사람은 없을 거예요. 그런데 성공하기 위해서는 치열하게 살아야 하고, 그러려면 많은 사람을 대면할 수밖에 없죠. 다른 사람들과 함께 소통하며 힘을 합쳐야 하기도, 서로 경쟁을 해야 하기도 해요. 그러다 보면 의도치 않게 나를 이용하려는 사람도 만나게 됩니다. 처음에는 나를 위해주는 사람이라고 생각해서 서로 깊은 관계를 이어갔는데, 정신을 차려보니 아차 싶은 거죠.

예를 들면 이렇습니다. 40대 D씨는 최근 사람 때문에 삶이 피곤하다고 느낍니다. 지방의 작은 마을에서 태어난 D씨는 어릴 적부터 공부를 꽤 잘했어요. 그래서 중학교 때 도심에 있는 학교로 유학을 갔죠. 그곳에서 하숙도 하고 기숙사 생활도 하면서 10대를 보냈어요. 대학은 서울로 진학하면서 또 새로운 지역에서 생활했고요. 취직한 뒤에는 승진하기 위해 해외 지사 근무와 지방 근무를 번갈아가며 해야 했습니다. 다양한 지역을 오가며 치열하게 살다 보니 어느덧 40대가 된 거죠.

연고 없는 곳에서 매번 새로운 시작을 하는 일이 쉬웠을까요? 무척 어려웠을 겁니다. 게다가 성공하고 싶은 욕심에 위만 바라보며 치열하게 경쟁하고 끊임없이 자기계발을 했어요. 듣기만 해도 다이내믹하게 그리고 열심히 살아온 D씨의 삶이 머릿속에 그려질 거예요.

그런데 어느 순간 자신을 돌아본 그는 한 가지 고민에 빠졌습니다. 이리저리 오가며 바쁘게 살다 보니 '내 곁에 나를 위해주는 진심 어린 사람이 있나?' 하는 의문이 생긴 거예요. 늘 가족보다 일을 우선시하다 보니 주말이나 휴가 때만 가족과 같이 시간을 보냈기에 막상 정서적으로는 서먹할 때도 있다고 느낍니다. 친구나 선후배는 많고, 같이 운동하고 술도 마시고 수다를 떨 친구도 많지만, 깊이 있고 서로 신뢰하는 관계라기보다 상황에 따라 있기도 하고 없기도 하는, 계속 바뀌어가는 사람들인 거죠. 진정한 친구가 없는 거예요.

사실 D씨는 얼마 전까지만 해도 개인적인 인간관계에 신경 쓸 겨를이 없었다고 해요. 워낙 목표 지향적 삶을 살다 보니, 일을 매개로 사람들과 만나고 헤어지는 게 당연했고요. 일적으로 중요하지 않은 사람들까지 챙기기에는 부담스럽기도 했죠.

그렇게 인간관계에 대해서 이런저런 고민을 하던 와중에 가까운 후배에게 일적으로 뒤통수를 맞은 거예요. 너무 당황스럽고 화가 났는데 자신과 후배와의 관계를 차분히 돌아보니 과거의 자기 모습이 보이더래요. 내 욕심을 채우기 위해 필요한 인간관계만 맺고, 그 과정에서 만난 사람들과 사소한 상처를 주고받으며 살아온 거죠. 어느새 사람에 대한 기대가 줄었고 그러고 나니 상처받을 일도 줄었지만, 의지하고 신뢰할 수 있는 관계도 함께 줄었던 거예요. 그렇게 어느덧 소비재처럼 바뀌어 있는 자신과 주변 사람들과의 관계를 돌아보게 되었다고 해요.

D씨의 사연에 공감하고 있나요? 앞만 보고 열심히 달리다가 문득 곁을 보니 옆에 아무도 없는 기분, 가까이 지내는 사람들은 있지만 그렇다고 정말 가까운 사람은 없

는 느낌. 한 번쯤 느껴본 적이 있을 거예요. 그럴 땐 세상에 내 편이 한 명도 없는 것 같고, 인생이 허무하게 느껴지고, 이렇게 살아가는 게 맞을까 생각이 들면서 힘이 쫙 빠지죠.

때론 상처받는 일이 너무 힘들어서 관계를 회피하기도 합니다. 상처를 받는 것도, 주는 것도 두려워서 그냥 숨어버리는 거예요. 누군가와 같이 있으면 말과 행동을 굉장히 조심하고, 사소한 자극에도 민감하게 반응하고, 전전긍긍 어찌할 바를 몰라 당황하기 일쑤죠. 스스로 상처를 곱씹으며 아파하다 보면 다른 사람들과 함께하는 일이 점점 더 무서워집니다.

우리는 다양한 관계 속에서 살아갑니다. 그래서 서로 상처를 주고받지 않을 수 없어요. 아무리 노력한다 해도 말이죠. 한편으로는 나도 타인에게 상처를 줍니다. 내가 의식하지 못하는 말이나 행동이 누군가를 괴롭게 할 수도 있다는 거예요.

그럼에도 불구하고 우리는 끊임없이 누군가와 만나고 대화하고 함께 몸을 부대끼며 살아가야 합니다. 사람은 결코 혼자 살아갈 수 없거든요. 특히 내가 인생에서 뭔가를 성취하고자 하는 마음이 있다면, 상처를 받더라도 또는 주더라도 인간관계를 수습하고 관리하며 헤쳐가야 합니다. 문제는 사람에게 받은 상처는 단련되지 않는다는 거예요. 그래서 인간관계에도 훈련이 필요합니다. 그 훈련이 바로 루틴입니다. 지금부터는 상처를 주고받는 인간관계 속에서도 우리가 견뎌낼 수 있는 인간관계 루틴에 대해 이야기해보겠습니다. 제가 말씀드리는 인간관계 루틴을 완벽하게 해낼 순 없겠지만, 가능한 루틴은 하나씩 해보면 좋겠습니다. 우리는 1%씩이라도 달라지면 됩니다. 그러면서 점차 루틴을 늘려가며 관계 속에서 나를 단단하게 지켜낼 수 있습니다.

사소한 상처는
디폴트로 생각하기

앞서 말했듯 우리는 필연적으로 상처를 주고받으며 살아갑니다. 우리가 인간관계의 상처로부터 스스로를 보호하려면 '서로 어느 정도의 상처는 주고받는 것이 디폴트'라는 점을 이해하는 것에서부터 시작해야 합니다. 여기에서 어느 정도의 상처란 사소한 상처를 말합니다. 이런 가벼운 상처까지 다 경계하며 살아간다면 우리는 타인의 작은 말이나 행동에도 지나치게 신경을 쓸 수밖에 없습니다. 이러면 에너지를 많이 사용하니 사람들과 함께하면 할수록 지쳐버립니다. 하지만 '원래 그렇다'는 것을 이해하면 웬만한 상처는 그러려니 하고 넘길 수 있죠.

물론 제 말이 과하다고 느끼는 사람도 있을지 모르겠

습니다. 우리나라는 문화적으로 동질성을 상당히 강조하는 편이거든요. 단일민족, 혈연관계, 학연, 지연 등 우리는 공통점이나 연결성을 찾아 서로를 바라보려 합니다. 상처를 주고받을 수 있는 상황에서도 '우리가 남이가' 식으로 그 상처를 무시하며, 덮어두고 넘어가려고도 하죠.

하지만 어디까지나 상처는 상처입니다. 사회가 점점 복잡해지고 다양해지면서 필연적으로 인간관계에서 서로 상처를 주고받을 수밖에 없다는 사실은 더욱 분명해지고 있습니다. 그렇다면 우리는 왜 상처를 주고받으며 살 수밖에 없는지 알아보겠습니다.

우리는 서로 다른 존재다

타인과 나는 다른 존재입니다. 우리가 다 같은 방식으로 생각하고 행동한다면 상처받을 일도 없을 거예요. 하지만 아무리 나와 성격이 비슷한 사람도, 내가 사랑하는 사람도 타인은 어디까지나 타인입니다. 결코 내가 될 수는 없죠. 나는 내 의지로 나를 움직일 수 있지만, 타인은 내 마음대로 할 수 없습니다. 그러니 기대하면 할수록 실망하고, 상처를 받을 수밖에 없죠.

인간관계에서 서로 가장 가까운 관계는 부모, 자녀와의

관계입니다. 아기의 경우 어머니의 몸에서 태어나기 때문에 갓난아기 때는 서로를 동일한 인격으로 여깁니다. 동일시죠. 아기가 점점 자라면서 서로 독립된 인격체라는 인식이 생기지만, 둘은 여전히 밀접하게 연결되어 있습니다. 이는 융합이라고 합니다. 서로 간의 교집합이 많은 거죠. 부모 입장에서는 자기 인생의 아쉬움을 자녀에게 투영하며 기대하고, 자녀는 그런 부모의 기대에 발맞추려 애씁니다.

그렇지만 아무리 부모 자식 간이 가까운 관계일지라도 어디까지나 서로 다른 인생을 살아가야 하죠. 그 서로 다른 인생에 대한 갈등 상황을 우리는 '사춘기'라고 부릅니다. 자녀 입장에서 자기 목소리를 내기 시작하는 거예요. 이런 질풍노도의 시기에는 부모 자녀 관계 속에서도 여지없이 갈등과 상처가 오갑니다.

부모 자식 간의 관계도 이런데 일반적인 관계에서는 서로 다름이 더 당연합니다. 나와 다른 상대의 모습을 의식하는 순간, 내 마음 안에는 여러 가지 감정이 싹틉니다. 비교하는 마음이 들기도 하고, 부럽기도 하고, 기가 죽기도 해요. 때론 눈치를 보며 상대의 비위를 맞춰야 한다는 생각을 하기도, 반대로 내가 우위에 있다고 생각해서 상대를 낮춰볼 때도 있죠. 이런 과정에서 내가 상처를 주기도, 상처를 받기도 합니다.

가까운 사이의 상처일수록 아프다

우리는 가까운 사람에게 더 깊은 상처를 받기 마련입니다. 서로 모르는 사이라면 기분 나쁜 일이 생기더라도 피해만 크지 않다면 '뭐야, 저 사람 왜 저래?'라고 생각하며 넘길 수 있죠. 하지만 친한 사람으로부터 받은 상처는 쉽게 넘기지 못하고 계속 곱씹게 됩니다. 관계가 가까우면 가까울수록 우리는 상대방에게 자연스레 기대를 하기 때문이죠. 적어도 상대가 나를 위해주고 이해해줄 거라는 기대감은 충족이 된다면 그저 당연한 거지만 충족되지 못할 때는 상처로 남습니다. 서로 기대하지 않으면 상처받을 일도 없죠. 그러니 관계의 거리가 가까운 정도에 비례해서 기대감도 높아지고 상처받을 가능성도 높아집니다.

인구밀도가 높으면 어쩔 수 없이 타인과 부딪힐 수밖에 없는 것처럼 인간관계에서 물리적인 사이도 가까우면 서로 더 많은 상처를 주고받을 수밖에 없습니다. 여기에서도 대표적인 예가 부모와 자식 간의 관계입니다. 부끄러운 이야기지만, 저도 30대 초반까지는 부모님과 꽤 자주 싸웠습니다. 그때까지 부모님과 같이 살았거든요. 한 공간에 같이 사니까 계속 부딪히는 거죠. 특별히 사이가 안 좋거나 미워하는 사이가 아닌데도 말입니다. 가까이 있으면 굳이 몰라도 될 상대의 행동이 눈에 보이잖아요. 술 마시고 늦게 들어오는 아들의 모습, 사소한 말싸움을 하는 부모님의 모습 등이 다 거슬리는 거죠.

가까운 친구와 여행을 하면 결국 싸운다고 하잖아요. 그 또한 마찬가지입니다. 우리는 인간관계에서 서로 간의 거리가 필요합니다. 익숙한 거리감과 필요한 거리감이라는 것이 있어요. 아무리 친한 친구끼리라도 사생활의 영역은 별도로 있어야 하는데, 여행을 하면 이런 거리감이 평소보다 좁아지니 갈등이 생길 수밖에 없습니다. 부모 자식 간에도 나이가 들면 서로 거리가 멀어지며 독립을 해야 하는데 여전히 서로 간섭하며 살아가니 상처를 주고받는 거고요.

가까운 사이에서 주고받는 상처는 '물리적 거리'와 밀접한 관련이 있습니다. 저도 결혼을 해서 부모님으로부터 독립해서 살면서 부모님과의 사이가 다시 나아졌어요. 살을 부대끼면서 느꼈던 예민함이 사라지고, 적절한 거리를 가지면서 서로 존중하게 되는 거죠. 물론 부모님과 떨어지니 배우자라는 또 다른 가까운 관계가 생겼지만 말입니다. 물론 가까운 가족 간에는 갈등도 있지만 그만큼 애정을 기반에 두고 있다는 사실은 강조해야겠네요.

물리적 거리와 인식의 거리

인간관계에서의 거리란 물리적인 거리만을 의미하지 않습니다. '인식의 거리'도 있죠. 물리적으로 오래, 가까이 지낸 사람들은 삶의 태도나 인식의 영역이 서로 닮기 마련입니다. 물론 완전히 다른 부분도 있지만, 교집합에 해당하는 부분이 꽤 많기 때문에 서로 큰 상처를 주고받는 일이 드물죠. 혹여나 깊은 상처를 주더라도 원활하게 풀어나갈 수 있고요. 일종의 동질감입니다.

하지만 성장 배경이나 삶의 지향점이 완전히 다른 사람과는 인식의 거리를 좁히기가 힘듭니다. 정서적인 공감대가 약하고, 서로 공유하는 경험이 적어서 교집합을 찾기가 힘들죠. 다른 점이 많아서 서로 매력을 느낄 수도 있지만, 어떤 부분은 절대로 이해할 수 없기 때문에 상처를 주고받는 관계가 될 수도 있습니다. 서로 사랑하는 사이라 할지라도 말이죠.

동물에 비유한다면 개와 고양이의 관계와 같습니다. 개는 반가울 때 꼬리를 들고 흔들지만, 고양이는 공격하기 전에 꼬리를 치켜세우잖아요. 행동 양식의 차이가 인식의 차이로 이어지니 갈등으로 넘어갑니다. 이런 식으로 입장 차이가 생기면 그만큼 서로 상처 주기가 쉬운 상황이 발생하죠.

그러면 우리는 어떤 거리의 관계에서 상처를 더 많이 받을까요? 앞에서도 언급했듯 물리적인 거리는 교집합이 클수록 상처를 주고받는 일이 많습니다. 반면 인식의 차이는 교집합이 클수록 상처를 주고받는 일이 적죠. 내 생각이 네 생각과 같고, 네 생각이 내 생각과 같으니까요.

상처받을 수밖에 없는 시대를 산다는 것

우리는 어쩌면 상처를 받을 수밖에 없는 시대를 살아가는지도 모르겠습니다. 우리 사회가 너무나 급격하게 바뀌고 있기 때문이죠. 가장 큰 변화는 기대수명이 증가한 부분입니다. 제가 어릴 적, 그러니까 1980년대에는 평균수명이 60대였고, 80대가 되면 장수한다고 말했어요. 그런데 지금은 평균수명이 80대 후반이 되었습니다. 이런 속도라면 아마 제가 더 나이 들면 평균수명이 100세 정도가 될지도 몰라요.

이러니 삶의 발달 과정, 그러니까 10대 때 뭘 하고, 20대 땐 뭘 하고, 30대 땐 뭘 하고… 이런 시기가 확 연장됩니다. 마찬가지로 결혼과 출산 시기도 늦춰졌죠. 그러면서 가장 큰 어려움을 겪는 세대가 오늘날의 중장년층입니다. 에전에는 60대 무렵에 은퇴를 하며 노년기로 넘어가면서 삶의 영역을 줄이며 인생의 마무리를 준비했습니다. 그런데 지금은 60대에 은퇴하면 앞으로 20~30년을 어떻게 살아야 할지를 현실적으로 걱정할 수밖에 없어요. 역할의 혼란이 생기니 갈등의 여지도 높아집니다.

동시에 따라오는 다른 변화가 있습니다. 우리가 전통적으로 가지고 있던 '집단'의 개념이 바뀐다는 거예요. 국가, 민족, 가족, 학교, 직장 등 우리가 속한 전통적인 소속 집단의 영향력이 대체로 약해졌어요. 예를 들어 이민자가 많아지면서 우리나라도 이제는 다양한 문화권의 사람들이 섞여 사는 나라가 되어가고 있습니다. 서로의 인식이나 생활양식도 다를 수밖에 없죠.

개개인의 삶의 과정이 다 다르다 보니 단순히 나이나 지역, 직업으로 관계가 엮이기보다는 그때그때의 관심사나 생활 반경이 비슷한 사람들끼리 관계를 이어갑니다.

소통 방식도 다양해져서 요즘은 매일 얼굴을 맞대고 사는 학교 동기나 회사 동료보다 SNS나 오픈 채팅 등을 통해 만난 사람을 더 가깝게 여기기도 합니다. 심지어 직접 만나 대면하지 않고도 SNS를 통해서만 친밀한 관계를 이어가거나 연애를 하는 경우도 드물지 않습니다.

이렇게 관계의 형태가 달라지면서 예전에는 없었던 다른 방식의 상처가 생기기도 합니다. 누군가는 인간관계가 삭막해지고 정이 없어졌다고 느낄 수도 있고, 한편으로는 폐쇄적인 관계 속에서 가스라이팅 형태의 집착으로 이어지기도 합니다. 이쪽에도 저쪽에도 속하지 못하고 소외되는 사람도 생기죠. 혈연, 학연, 지연처럼 물리적인 공간을 공유하는 사람들끼리 공통된 가치를 교류하며 살던 시대에는 구성원들을 하나로 묶는 암묵적인 틀이 있어서 소외될 수 있는 사람들이 보호받을 수 있었거든요.

이렇게 관계를 집단으로 묶는 힘도 약해졌지만, 그 약해진 집단 간의 이동도 굉장히 빨라졌어요. 예전에는 취직을 하면 '평생직장'이라는 표현이 따라붙었지만, 지금 이런 이야기를 하면 시대에 뒤떨어지거나 무능력한 사람 취급을 당할지도 모릅니다. 능력이 있으면 경력을 쌓고 자기계발을 해서 더 나은 직장으로 이직을 하는 게 자연스러워졌거든요.

생활 터전이나 직장처럼 삶의 방식, 가치관 등으로 묶인 집단은 들고 나는 것이 비교적 자유롭습니다. 지금은 내 옆에 있는 가장 가까운 사람이지만, 몇 달만 지나도 서먹한 관계가 될 수 있죠. 반대로 잘 모르던 관계도 서로 필요하면 어느새 가까운 관계가 되기도 합니다. 그만큼 관계의 변화가 복잡, 다양해졌다는 이야기입니다. 그러면서 돌발적인 갈등 상황이나 관계에의 부적응으로 인한 실망과 상처의 여지도 많아졌죠.

결국 우리는 때론 밀접하지만 때론 아슬아슬한 수많은 관계 속에서 상처를 받으며 살아갈 수밖에 없는 겁니다. 이 변화무쌍한 시대를 살아가는, 사회적 동물인 인간의 숙명 같은 거죠. 사회 안에서 한 명의 구성원으로 살아가기 위해서는 끊임없이 관계를 만들어갈 수밖에 없고, 그렇다면 타인으로부터 상처받을 수밖에 없다는 사실을 알고 나니 사람에 대한 두려운 마음이 들지도 모르겠습니다.

그렇지만 관계는 우리에게 일상입니다. 여러 우여곡절을 겪으면서 인생에 즐거움과 희망, 보람과 성취가 깃들듯이 관계도 그렇거든요. 중요한 건 '힘든가, 안 힘든가'가 아니라 우리가 그 과정을 '어떻게 헤쳐나갈 것인가'에 있습니다. 그럼 이제 어쩔 수 없는, 이 사회적인 상처에 어떻게 하면 잘 대처할 수 있을지에 대해 이야기해보겠습니다.

애쓰지 않고
관계의 주도권을 지키는 방법

인간관계에서 상처받지 않으며 사는 건 불가능합니다. 그렇지만 적어도 그 사회적인 상처가 트라우마가 되는 일은 막아야겠죠. 상처를 받더라도 내가 받는 타격감이나 피해는 가능한 줄여야 합니다. 상처받을 상황에서 나 자신을 보호하기 위한 몇 가지 루틴을 소개합니다.

자기 비난을 멈추고 남들과의 비교는 피하기

사람들과의 관계에서 스트레스를 받다 보면 나도 모르게 스스로를 비난하게 됩니다. 특히 내향형이면서 예민한 사람은 자신의 잘못이 아닌데도 관계에서 일어나는 갈등을 자신의 탓으로 돌리기 쉽습니다. '저런 사람을 믿은 내가 바보지', '난 왜 매번 이 모양이지? 내 성격에 문제가 있나?' 하는 식으로 말이죠. 막상 상처받은 사람은 나인데, 그 상처의 원인을 자신에게서 찾거나 더 나아가 반대로 내가 상대방에게 상처를 줬다고 죄책감을 느끼기도 합니다. 상대를 탓해봐야 나아지는 건 없고, 상대가 인정하지 않으면 오히려 또다시 상처를 받게 되니 가장 만만한 자신을 탓하는 자기 비난을 하는 거죠.

하지만 이런 자기 비난은 우리에게 아무런 도움이 되지 않습니다. 자기 비난은 결국 자기 비하로 넘어가니 스스로 자존감을 깎아먹고, 자신에게 이중으로 상처만 주는 셈이죠. 관계에서 생기는 상처는 나 혹은 너 어느 한쪽의 탓이 아닙니다. 상대방 탓을 하기가 마음이 쓰인다면 백 보 양보해서 공동의 책임이죠. 그냥 서로 성향이 안 맞는 탓일 수도 있고, 어쩔 수 없는 오해가 있거나 그저 서로 인연이 아닐 수도 있습니다. 그러니 스스로 상처 위에 상처를 더하는 행동은 멈춰야 합니다.

나와 타인을 비교하면서 스스로를 루저라고 자책하는 것도 경계해야 합니다. SNS에 올라오는, 화려한 인생을 사는 사람들을 보면서 호기심과 부러움을 느끼는 것까지는 누구나 그럴 수 있어요. 하지만 '나는 왜 잘난 게 하나 없을까?', '다시 태어나는 것밖에 방법은 없어', '이런 나를 누가 좋아해주겠어?' 같은 생각에까지 다다른다면 자기비하라는 부정적인 생각을 넘어서서 망상에 이르게 됩니다. 생각이 너무 한 방향으로 치닫다 보니 판단력이 떨어지고 현실성을 벗어나며, 왜곡된 생각이 신념이 되어버리는 거죠. 그 순간 우리가 바라보는 세상은 균형을 잃고, 내가 나로서 온전히 살아가는 것을 포기하게 만듭니다.

그러니 상처받았다고 느낄 때는 스스로를 갉아먹기보다 나를 위하는 방향으로 생각을 끌어가야 합니다. '겉만 번지르르하게 살지 말아야지', '괜찮아. 나는 나만의 살아가는 방식이 있어', '저 사람에게 상처받은 사람은 나뿐만이 아닐 거야' 이렇게 스스로를 위하면서 나로서 살아내는 거죠.

팁을 하나 드리자면, 저는 누군가와 저를 비교할 상황이 생길 때 애써 그 사람을 이기려고 하지 않고 의식적으로 살짝 피합니다. 저 스스로에게 상처 줄 일을 만들지 않는 것인데요. 이처럼 나에게 상처주지 않는 습관을 갖는 것이 관계에서 나를 보호하는 현명하고 효과적인 루틴입니다.

관계의 주도권을 지켜내기

앞서 일상생활의 루틴에서도 기준점이 필요하다고 이야기했습니다. 그런 것처럼 인간관계에서도 기준점이 필요합니다. 그 기준점은 바로 나 자신입니다. 관계를 이끌어가고 판단하는 주체는 남이 아닌 내가 되어야 합니다. 스스로 기준점을 정하고, 그곳을 향해 움직여야 하죠. 관계의 주도권을 남에게 넘겨줬다가 뒤통수 맞은 경험이 있는 사람이라면, 다음과 같은 기준을 세워볼 수 있습니다.

"나는 이제껏 상대방의 의견에 맞추기 위해 '예스'라고 말해왔는데, 이제부터 내가 싫은 건 단호하게 '노'라고 말하겠어."

이런 간단한 기준이 있으면 나도 모르게 타인에게 휘둘릴 것 같을 때, 정신을 차리고 다시 나를 중심으로 관계를 재설정할 수 있습니다. 타인에게 끌려가는 게 아니라 내가 주도적으로 관계를 이끌어가는 거죠.

그런데 이런 기준점을 정할 때조차 남을 의식하는 사람이 있어요. 나를 내세운다고 하지만, 막상 '내가 남들에게 어떻게 보일까'를 더 신경 쓰는 거죠. 주어는 '나'인데 다른 사람의 시선을 거쳐 나를 바라보는 거예요. 결국 타인의 시선이 중심이 되는 셈입니다.

대표적으로 인스타그램 등의 SNS에 드러나는 나로 관계의 기준점을 삼는 거예요. SNS에서 '보여지는 나'를 중심에 두는 건 있는 그대로의 나가 아니라 타인의 시선에 화려하게 꾸며진 나를 기준점으로 삼는 거다 보니 결국 타인에게 끌려가는 거죠. 남들에게 '있어 보이는' 사람으로 보이기 위해 애쓰지 마세요. 이런 행동은 관계의 키를 타인에게 넘겨주는 것이니까요.

타인에게 의지하지 않기

누구나 힘들고 어려운 일을 만나면 다른 사람에게 의존하고 싶은 마음이 생깁니다. 저도 마찬가지예요. 무언가를 처음 시작할 때, 그 일에 대한 경험이 부족하니까 나를 도와줄 누군가에게 기대고 싶어지죠. 특히 잘해내고 싶은 욕심이 클수록 그런 마음이 듭니다. '어떻게 하면 이일을 완벽히 해낼 수 있을까? 좀 쉬운 방법은 없을까?' 고민하게 되고요.

또 뭔가 큰일을 하려다가 좌절했을 때, 내가 이 상황을 빨리 극복하는 방법을 찾고 싶어서 누군가에게 의존하기도 합니다. 불안하잖아요. 인생에는 치트 키가 없다지만, 가질 수만 있다면 찾아서 사용하고 싶은 게 사람 마음인 것 같습니다.

그런데 이렇게 타인에게 의지하면 생길 수 있는 심각한 문제가 있습니다. 바로 '가스라이팅gaslighting'입니다. 아무리 다른 사람에게 의존하지 않고 독립적으로 살겠다며 굳게 마음먹어도 의존에 대한 유혹은 수시로 나를 찾아옵니다. 갑자기 내 삶에 훅 들어와요. "너 마침 나 같은 사람의 도움이 필요하지 않았니? 내가 너를 도와주면 지금 그 일이 더 잘될 수 있어. 나는 이미 네가 가진 여러 가지 문제들을 경험해왔으니까 내가 잘 해결해줄게" 하는 식으로요. 기대감과 희망이 들기도 하고, 절망적인 상황에서는 지푸라기라도 잡는 심정으로 의지하게 되죠.

그러면 마음이 흔들려요. 혼자서는 힘드니까요. 삶에서 나 자신이 반드시 해결해야 하는 영역을 그 사람한테 의탁하게 되는 거예요. 그러면 어떻게 될까요? 반자의적으로 가스라이팅 상태로 넘어갑니다.

제가 대학병원을 나와 개인의원을 운영한 지도 꽤 시간이 흘렀습니다. 그전까지는 아무래도 대학에서 진료와 연구만 하다 보니 사업을 해본 적이 없었죠. 그런데 개인의원을 시작하고 나니 저 같은 초보 자영업자들을 노리는 사람이 많더라고요. 처음 개원을 하면 잘하고 싶고 욕심도 나는데 방법을 모르니 답답하죠. 할 일은 많은데 집중은 안 되고 여러모로 불안해요.

그럴 때 누군가 나타나는 거예요. 저 같은 초보 원장들은 잘 모르는, 자영업의 세계를 속속들이 알고 있는 사람이죠. 이런 사람은 제가 지금 자신에게 취약한 대상이라는 걸 본능적으로 알아채요. 그리고 제가 듣기에 솔깃한 말로 저를 유혹합니다. 마음 한편에 불안과 욕심이 있는 저는 자연스레 그 사람에게 의지하고 싶어져요. 그런데 알고 보니 저를 이용해 사기를 치려던 거였어요. 뒤통수를 세게 맞았죠.

또 다른 예입니다. H씨는 대학 입시에 실패한 재수생이에요. 이번에도 나름 열심히 한다고 했는데 결과가 잘 나오지 않아 좌절했죠. 그러다 보니 앞으로 삼수, 사수를 한다고 해도 원하는 대학에 들어갈 자신이 없어졌어요. 지치기도 했고요.

크게 낙심한 자녀를 바라보면서 부모님은 안타까운 마음에 지나가듯 이런 말을 했어요. "그까짓 대학 안 가도 괜찮다. 우리가 모아놓은 재산도 있고 하니 너 하나 못 챙겨주겠니." 부모님은 자수성가한 자산가라 충분히 가능한 일이었죠. H씨 입장에서도 어정쩡한 대학에 들어가도 별 의미가 없을 것 같고, 이제는 그냥 편하게 살고 싶다는 생각이 듭니다.

그리고 그 순간부터 그는 부모님께 의존하는 삶을 살게 됩니다. 스스로 뭔가를 해보려고 하지 않아요. 부모님의 자산만 바라보며 살아가는 거죠. 혹 부모님이 모아둔 재산이 줄어들까 봐 전전긍긍하면서요. 부모님의 재산을 누가 가져가진 않을지, 가족 중에 누군가가 목돈을 쓰거나 부모님이 다른 형제한테 더 많이 나눠주진 않을지 눈에 불을 켜고 바라보는 거예요.

그럼 어떻게 될까요? 자기 인생을 살지 못합니다. 내 삶이 아니라 누군가에게 기생하는 삶을 사는 거죠. 그러다가 혹 잘못된 투자나 도박을 하거나 사고를 쳐서 큰 빚을 지게 되면 자기 능력으로는 갚을 방법이 없으니 또 부모님이 해결해주기만을 바라보게 됩니다. 심한 경우에는 빨리 유산을 받고 싶어서 부모님이 돌아가시는 날만 기다리는 불효자가 되어버리죠.

물론 의존하는 게 무조건 나쁜 건 아닙니다. '인간은 사회적 동물'이라고 하죠. 우리는 독야청청 홀로 살 수 없습니다. 다른 사람과 영향을 주고받으면서 사는 게 당연해요. 그런데 만약 내가 어떤 사람 없이는 도저히 살 수 없을 것 같다거나 특정 관계가 끊어지면 죽을 것 같다고 느낀다면 이는 과잉 의존일 수 있습니다. 실연을 당한 뒤 연인 없이는 살 수 없다며 자살 소동을 피우는 경우처럼요. 스스로 가스라이팅 당하기를 자초하는 거죠. 이를 '자의적인 가스라이팅'이라고 합니다.

그러니 자신이 특정한 사람과의 관계에 과도하게 의존하거나 집착한다고 느끼면 스스로에게 이렇게 질문해보세요. '그 사람이 지금 내 옆에 없다면 어떨까? 나는 나로서 살 수 있을까? 나 스스로 존재 가치와 의미가 있는가?' 조금 고생스러울지언정 내 삶을 스스로 살아갈 수 있다는 생각이 들면 그건 적당한 의존 관계입니다. 그런데 그렇지 않다면 진지하게 내 삶을 돌아봐야 해요.

가스라이팅은 인간관계 문제를 넘어 사회문제로도 부각되고 있어요. 이에 대해 앞으로 좀 더 자세히 살펴보겠습니다.

소중한 관계는 꼭 지키기

마지막으로 소개하는 루틴은 내 주변에 있는 소중한 관계를 지키는 겁니다. 현대인들은 복잡하고 다양한 관계를 맺으며 살아가요. 앞서 말했듯 소속된 집단이 수시로 변하기도 하고, 물리적인 거리를 초월해 폭넓게 관계를 맺는 일도 반대로 멀어지는 일도 흔합니다. 그래서 인간관계의 지속 기간이 짧은 경우가 많아요. 올해는 세상에서 둘도 없는 사이이지만 다음 해에는 안부 한 번 묻지 않는 사이가 될 수도 있죠. 이렇게 빠르게 흘러가는 인간관계 속에서 때때로 허무함을 느낄 수도 있습니다.

누군가는 빠르고 복잡한 사회에 발맞추어 인간관계 사이클도 짧아지는 게 당연하다고 말할지도 모르겠어요. 하지만 저는 그래도 소중한 관계는 꼭 붙잡아야 한다고 생각합니다. 우리에게는 특별히 깊은 추억을 공유한 친구, 마음이 힘들 때면 가장 먼저 위로받고 싶은 후배나 동료, 직장에서 어려운 일을 겪을 때 조언을 구하고 싶은 선배, 인생의 롤 모델로 삼고 싶은 은사님 등등 그래도 애써서 지켜야 하는 인간관계가 있잖아요. 물리적으로 떨어져 있더라도 항상 내 마음의 보금자리인 부모님, 배우자, 자녀, 형제자매 등 가족도 있고요.

이렇게 오래 함께하고 싶은 사람이 있다면 상처 입는 걸 두려워하지 않고 꼭 붙잡아야 합니다. 이건 의지적인 노력이 필요한 영역이에요. 지금의 나를 위해서도 그렇고 앞으로 더 나은 내가 되기 위해서도 꼭 해야 하는 일이죠.

지금까지 나 자신이 주인공이 되는 관계를 맺으면서 상처로부터 나를 보호할 수 있는 인간관계 루틴을 살펴봤습니다. 이 루틴들만큼이나 중요한 게 또 하나 있다면 사람과의 관계에서 꾸준히 '맷집'을 키우는 일입니다.

사람들과 긍정적인 관계를 맺어나가기 위해서는 일정한 수준의 경험치가 필요합니다. 처음부터 모든 걸 잘하는 사람은 없습니다. 경험이 꼭 필요하죠. 경험을 통해 나에게 유익한 사람을 알아보는 눈을 기르고 해로운 사람을 걸러내는 기준을 갖추면, 상처받는 일을 줄이고 더 건강한 인간관계를 맺어갈 수 있어요. 이런 경험치를 쌓으려면 어떻게 해야 할까요? 끊임없이 사람들과 부딪혀 나가는 과정이 필요합니다. 그러면 손에 굳은살이 생기듯 자연스레 인간관계에서의 상처로부터도 맷집이 생기죠.

사람과의 관계는 RPG 게임과 유사합니다. 게임을 할 때 처음에는 가벼운 몬스터를 잡으면서 경험치를 쌓고, 그게 쌓여 레벨 업을 하면 능력치가 높아지면서 더 어려운 몬스터를 잡을 수 있는 것과 같죠. 인간관계도 처음에는 서로 부담 없는 관계에서부터 시작해 꾸준히 경험을 쌓아나가는 거예요. 그러면서 사람을 대하는 능력, 상처를 피하는 능력, 나를 보호하는 능력 등이 늘어나며 소통과 협력, 협상과 중재가 가능해집니다.

사람이 무섭다고 피하기보다 용기를 내어 좀 더 적극적인 태도로 마주하길 권합니다. 인간관계로 인한 상처와 두려움은 누구에게나 있습니다. 나만 능력이 부족하고 멘탈이 약한 게 아니랍니다. 지금 내가 두려워서 도망치는 이유는 그저 지레 겁먹고 해보지 않았고, 지금도 하지 않아서이기 때문이죠.

가스라이팅을 피하는 현실적인 루틴들

착취로 이루어진 인간관계가 있어요. 가스라이팅이 대표적인 경우죠. 가스라이팅에도 여러 종류가 있습니다. 스스로 만들어낸 자의적인 가스라이팅과 누군가로부터 노려진 타의적인 가스라이팅이 있어요. 의도에 있어서도 구분됩니다. 선생님이 학생에게, 부모님이 자녀에게 개입하고 통제하면서 행동이나 판단을 끌고 가는 건 상대방을 위한 일종의 훈육입니다. 여기에는 가스라이팅의 요소가 있더라도 교육적 목적이 있으니 호의적인 가스라이팅이라고 할 수 있어요.

반대로 자신의 이익을 위해 누군가를 이용하고 착취하려는 악의적인 가스라이팅도 있습니다. 이는 범죄로까지 이어질 수 있죠. 인간이라면 누구에게나 있는 '의존하고 싶은 심리'를 교묘하게 이용해 타인을 자기 마음대로 통제하고 휘두르는 거예요. 이런 관계가 지속되면 위계가 생깁니다. 가해자는 거역할 수 없는 힘을 가지게 되고 반대로 피해자는 무기력해지죠. 악의적 가스라이팅을 당하면 타의에 의해 범죄에 가담하거나 학대를 받으면서도 상대에게서 벗어나지 못하게 됩니다.

사실 이렇게 심각한 상황이 흔치는 않아요. 하지만 우리는 살면서 약한 정도의 가스라이팅을 숱하게 경험합니다. 본인 외에 다른 친구 사귀는 것을 질투하는 절친, 다른 이성을 만날 수 없게 감시하는 애인, 다른 팀 사람들과 사적인 이야기를 하지 않게 단속하는 팀장 등등. 애정 혹은 관심이라는 미명 아래 감정 착취를 가하는 일은 꽤 흔하거든요.

착취로 이루어진 인간관계 안에 있으면 무척 괴롭습니다. 통제받고 이용당하고 조종당하니 당연히 끊어내고 도망치고 싶죠. 그런데 안타깝게도 그런 상황에서 탈출하는 일이 쉽지가 않습니다. 악의적 가스라이팅의 가해자는 대상자의 모든 관계를 단절시키고 무기력한 상태로 만들거든요. 그러니 피해자는 그 사람이 없으면 인생을 살아갈 수 없을 것처럼 느낍니다. 벗어나자니 두렵고 이 환경 안에 계속 있기도 괴로운, 이러지도 저러지도 못 하는 상태가 되어버리는 거죠. 가스라이팅을 당하는 그 환경 안에만 갇혀 고립되는 겁니다.

정신분석학의 창시자이자 저명한 정신과 의사인 지그문트 프로이트Sigmund Freud는 우리가 괴로운 상황에 있으면서 벗어나지 못하고, 그 괴로운 관계를 반복하는 것을 반복 강박Repetition compulsion이라고 정의했습니다.

정서적 학대뿐 아니라 금품 갈취, 성폭행, 신체적인 폭행까지 당하면서도 벗어나지 못하고 참고 사는 이유는 안타깝게도 인간은 적응이 가능한 동물이기 때문이에요. 학대에 길들여지는 거죠. 고통스럽더라도 그 고통에 익숙해져서 예측 가능하다면, 낯선 환경에서 불안정한 상태에 놓이는 것보다 오히려 낫다고 착각해버립니다. 그래서 아무리 괴로운 상황이어도 벗어나기보다 그 안에서 살아남을 방법을 찾는 아이러니한 상황이 벌어지죠.

그래서 악의적 가스라이팅은 벗어나기가 어렵습니다. 내게 목적을 가지고 덤비는 사람을 조심하고 피하는 일은 쉽지 않아요. 그래서 덫에 걸린 것 같다 싶을 때는 빨리 눈치 채고 도망치는 게 중요합니다. 지금부터 가스라이팅이라는 함정에 갇혔을 때 도망칠 수 있는 행동 루틴 세 가지를 말씀드리겠습니다.

사람을 잘못 본 것에 대한 수업료를 내기

나에게 해로운 관계인 걸 알면서도 끊지 못하는 가장 큰 이유는 '손해를 보는 게 아까워서'입니다. 실제로 가스라이팅 상황에서는 피해자가 가해자에게 시간, 금전, 노동 등 여러 가지 노력을 착취당한 경우가 많습니다. 그런데 피해자의 입장에서는 자신이 당한 착취가 관계를 형성하는 데 들어간 일종의 투자라는 생각을 해요. 이 투자는 관계가 끊어지면 손실이 되어버리겠죠. 가해자는 이 착취 관계를 유지하기 위해서 실체 없는 감언이설로 계속 투자자를 유혹합니다. 마치 조금만 더, 한 번만 더 투자하면 이제까지 투자한 것 이상의 보상이 있을 것처럼요. 그러면 피해자는 더 못 벗어납니다.

그래서 이 관계를 끝내려면 이제까지 자신이 투자한 것을 아까워하지 않고 단호하게 손실로 받아들여야 해요. 내가 손해를 보거나 상처를 입더라도 '앞으로의 나를 위해서 받아들여야 할 손실 비용'이라고 생각하고 단호하게 끊고 도망가야 합니다. 여기서 꼭 알아둘 것은, 지금 이 관계를 끊고 도망치는 게 가장 손해를 적게 보는 유일한 길이라는 거예요.

이는 장기 투자 상품을 잘못 가입했는데 빨리 해약하지 못하고 어영부영 시간만 보내는 것과 같은 상황이에요. 예를 들어 10년간 꾸준히 저축을 하고, 또 10년을 더 기다려야 수익이 나는 보험 상품이 있어요. 여윳돈 있는 사람들이 시간에 투자하는 상품인데, 매달 빠듯한 직장인들에게는 목돈이 자꾸 나가니 부담스럽죠. 그런데 실수로 이런 금융 상품에 가입해버린 상황인 거예요. 이걸 해지해야 하나 말아야 하나 매번 고민하겠죠. 해지하면 원금을 돌려받지 못할 수도 있으니 지금까지 저축한 돈이 아깝거든요. 그러다가 저축을 하기 위해 빚을 내는 데까지 치닫는다면 지금까지 투자한 게 아까워서 끌려가는 상황이 되어버리죠. 이럴 때 방법은 결국 하나밖에 없습니다. 손실을 보더라도 더 큰 손실을 막기 위해 손절을 하는 거죠.

인간관계도 똑같습니다. 내가 상대와의 관계를 유지하기 위해 들인 시간과 노력이 있잖아요. 그래서 내가 지금 이 사람과 관계를 끊어버리면 피해가 막심할 거라고 생각해요. 그래서 어떻게든 잘 해결해서 나도 피해를 덜 보고, 상대도 나쁜 감정을 가지지 않는 선에서 마무리 지을 수는 없을까를 고민하죠. 그런데 그런 생각을 가지면 상황에 더 말려들어요. 빚을 내서라도 꾸역꾸역 고통스럽게 10년간 저축하는 사람처럼 말이에요. 아니다 싶으면 곧바로 관계를 끊는 것. 어렵지만 중요한 일입니다. 내가 지금까지 투자한 것을 아까워하지 말고, 내가 잘못 선택한 것에 대한 수업료를 지불한다 생각해야 합니다. 그리고 앞으로는 이런 사람과 엮이지 않도록 조심해야겠다는 교훈을 얻었으니 그걸로 된 겁니다.

결심했다면 단칼에 실행하기

『구약성경』에 나오는 '소돔과 고모라'를 들어본 적이 있나요? 소돔과 고모라는 향락에 타락한 도시였어요. 겉으로는 화려하고 금은보화가 넘쳐나는 곳 같지만 음란과 죄악이 가득했죠. 그래서 하나님은 이 도시를 멸망시키기로 하고, 여기에 살고 있는 의인 '롯'에게만 천사를 보내 계획을 알려줍니다.

그러면서 멸망을 피해 도시에서 도망쳐 나올 때 "절대로 뒤를 돌아보지 말라"고 명령했어요. 롯은 가족과 식솔을 데리고 불바다가 된 도시에서 도망칩니다. 그런데 롯의 아내가 소돔과 고모라에 남겨두고 온 미련 때문에 뒤를 돌아보고 말았어요. 재물이든 사람이든 향락이든 이제는 더 이상 가질 수 없는, 화려했던 삶에 대한 미련 때문이겠죠. 그리고 롯의 아내는 그 모습 그대로 소금 기둥으로 변해버리고 말았습니다.

내가 가스라이팅을 당하고 있다고 의식했다면, 소돔과 고모라에서 벗어나던 롯처럼 뒤도 돌아보지 말고 도망쳐야 합니다. 가스라이팅은 유혹을 기반에 둔 착취입니다. 당연히 가해자는 쉽게 놓아줄 리 없죠. 이미 물고 물린 관계가 되었기 때문에 벗어나려 할수록 더 강하게 물려고 합니다. 감언이설, 유혹, 협박, 폭력 등으로 더 옭아매려 할 거에요. 그러니 뒤를 돌아보는 순간 다시 끌려가게 됩니다.

그러니 일말의 미련조차 버리고, 그 자리에서 결연히 관계를 끊고, 뒤돌아보지 않고 도망치는 수밖에 없어요. 기억하세요. 아프더라도, 불안하더라도, 아쉽더라도, 아깝더라도, 불쌍하더라도, 그립더라도, 혹시나 하는 마음이 들어도 가스라이팅 상황에서는 앞만 보고 도망치는 것밖에는 답이 없습니다.

관계에서 과거와 현재와 미래를 구분하기

가장 친한 친구 한 사람을 떠올려보세요. 1년 전과 지금의 그는 같은 사람인가요? 그리고 1년 후에도 같은 사람일까요? 우리는 기본적으로 과거의 사람과 현재의 사람과 미래의 사람을 동일한 인물이라고 생각해버립니다. 같은 인격체니까요.

그런데 실제로는 그렇지 않습니다. 사람은 계속 바뀌거든요. A라는 사람의 겉모습은 변하지 않지만, 1년 전에는 A-1이었고, 현재는 A-2이고, 미래에는 A-5가 될 수도 있는 거예요. 만약 인간이 단순한 환경에서 평생 하나의 가치관을 가지고 일관된 생활과 일정한 인간관계를 유지하며 살아간다면 A는 과거든 현재든 미래든 늘 A라는 상태에서 그리 변하지 않겠죠. 하지만 사람은 그렇게 살아가지 않습니다. 세상은 매우 빨리 변하고, 우리는 다양한 사람들과 복잡한 환경을 마주하며 변화무쌍한 삶을 살아가죠. 그러니 나도 타인도 시기에 따라 변화하고, 서로의 관계 또한 달라질 수밖에 없습니다.

그러니까 과거에 나와 A가 맺은 관계가 오늘도, 미래에도 동일할 수는 없습니다. 설령 과거에 내가 A와 깊이 신뢰하는 사이였다 하더라도 어느 순간 그 관계는 달라질 수 있죠. 어쩌면 과거와 정반대로 서로 물고 뜯기는 관계로 바뀔 수도 있습니다. 그런데 사람의 미련이란 과거에 좋았던 것만 기억하고, 지금도 그 관계가 가능하다고 믿고 싶거든요. 그래서 끊어내지 못하고 관계에 있어 헛된 기대를 했다가도, 실망하고 상처받기도 하죠. 다음 장에서는 이 부분에 대해 더 자세히 이야기해보겠습니다.

때로는 단호하게 끊어내고, 때로는 참고 버티기

우리는 무척 다이내믹한 삶을 살고 있어요. 하루에도 수십 개의 사건을 경험하죠. 감정은 치솟다가도 뚝 떨어지고 롤러코스터를 탄 듯 요동칩니다. 이런 매일이 켜켜이 쌓이면서 사람도 바뀌어요. 과거에 나를 많이 사랑했던 사람이 현재 나를 괴롭히는 사람이 되어 있을 수도, 어제까진 전혀 감정적인 교류가 없던 사람이 어느 순간 내 심장을 요동치게 만들 수도 있습니다. 그러니 단순히 과거에 대한 기억만으로 현재의 관계를 규정한다면 얼마나 어리석은 일인가요?

빨리 벗어나야 하는 과거의 관계

과거 내 곁에 있었던 사람과 지금 내 곁에 있는 사람 그리고 앞으로 내 곁에 있을 사람을 구분하는 것은 매우 중요합니다. 또한 과거보다는 현재나 미래에 초점을 두고 인간관계를 맺을 때 상처로부터 나 자신을 보호할 수 있어요. 예를 들어볼까요? 예전에 나를 너무 사랑해준 사람이 있어요. 자신이 가진 것을 다 내어줄 듯 애틋했고, 내가 원하면 언제든지 달려왔어요. 하지만 연애를 한 지 3년쯤 지난 지금은 그런 모습이 싹 사라져버렸어요. 전화도 잘 받지 않고, 뭘 하자고 해도 시큰둥하고, 거짓말을 하고, 조금만 잔소리를 해도 버럭버럭 화를 내요. 때로는 나를 이용하는 것 같기도 하고요. 그러면 과거의 기억에만 얽매여 이 사람과의 연인 관계를 계속 이어나가야 할까요?

둘 사이의 관계가 바뀐 건 여러 가지 이유가 있을 수 있습니다. 내 마음이 바뀌었을 수도, 상대방의 마음이 바뀌었을 수도 있습니다. 혹은 둘이 처한 환경이 달라지다 보니 자연스레 두 사람의 마음이 달라졌을 수도 있죠. 이유가 무엇이든, 과거 애틋한 눈으로 나를 바라봤던 그때의 그 사람과 현재 사소한 일에도 화를 내는 지금의 이 사람은 동일한 사람이지만, 이제 나에게는 다른 사람이라고 생각하는 게 맞습니다.

과거의 아름다운 기억을 떠올리며 '지금은 좀 달라졌지만 이게 본성은 아닐 거야. 그저 지금 조금 힘들어서 그런 걸지도 몰라. 이 상황이 지나가면 언젠가 다시 예전의 그 모습으로 돌아올 거야'라며 되뇌고 있다면 그건 위험한 착각입니다. 우리는 사람과의 관계를 판단할 때 과거의 관계를 참고하지만, 어디까지나 현재의 관계를 기반으로 앞으로의 관계를 예측할 수 있습니다. 그러니 과거에 긍정적인 관계였더라도 현재의 관계가 부정적이면 앞으로의 관계가 나아질 가능성은 상당히 떨어지죠. 거의 제로에 가깝습니다.

과거의 추억으로 현재의 모습을 제대로 바라보지 못하고, 황폐해진 관계에서 벗어나지 못하는 건 특히 연인 관계의 취약점입니다. 과거 사랑했던 연인의 모습을 되돌릴 수 있을 거라 기대하지만, 기대는 착각이 되고 실망이 되어 결국 상처만 남아버립니다.

불편해도 참아야 하는 현재의 관계

이번엔 청소년 시절을 한번 떠올려봅시다. 부모님이 자꾸 나를 힘들게 합니다. 맨날 공부하라고 잔소리하고,

옷차림을 지적하고, 먹는 걸로도 뭐라고 합니다. 나와 너무나 다른 부모님 때문에 힘들어요. 벗어나고 싶고 독립하고 싶은데 지금은 그럴 수가 없어요. 경제적인 능력도 없고, 미성년자니까 여러모로 보호자가 필요하죠. 즉 내 능력이 아직 부족하니까 부모님에게 종속되어 있는 상황입니다. 하지만 나와 부모님의 미래 관계를 떠올려보면 어떨까요? 당연히 달라질 거예요. 지금과 달리 내 주관을 인정받을 수 있고, 자연스레 물리적으로나 경제적으로나, 정신적으로 독립을 해나가겠죠. 서로 독립된 인격체로서 발전적인 관계로 재설정될 게 분명해요.

지금 부모님과 나의 관계는 다소 불편하고 힘들지 모르지만, 미래에는 서로 성인으로 존중하며 긍정적으로 달라질 가능성이 충분하죠. 그렇다면 지금 관계가 다소 불편해도 참는 것이 맞아요. 이건 현재 나의 상황을 객관적으로 파악하는 것을 통해 판단 가능한 일입니다. 내가 가진 능력의 한계와 가능성을 인식하고, 미래에 발전할 나를 예상하면서 나중을 위해 현재를 견뎌내는 거죠. 물론 이런 관계는 상대를 착취하는 악의적인 가스라이팅이 아니라 서로를 위하는 호의적 가스라이팅인 상황에서 가능합니다.

소중히 유지해야 할 미래의 관계

이번에는 배우자와 나의 관계를 상상해보겠습니다. 현재의 상황이라고 가정해볼게요. 지금 나는 배우자가 너무 마음에 들지 않아요. 일과 돈벌이에만 관심이 있고 집안일에는 소홀하기 때문이에요. 가족에 대한 배려도 별로 없는 사람이죠. 부부 사이에 깊은 대화를 해본 지가 언제인지 모르겠어요. 이럴 때 배우자와의 관계는 끊어야 할까요, 유지해야 할까요?

현재의 관계가 서먹해진 이유는 부부마다 다양할 겁니다. 만약 지금 나의 배우자가 사회적 역할에 충실하려다가 가족에게 소홀해진 상태라면, 배우자가 치열하게 살아가려 노력하고 있다면, 그 노력의 목표가 우리 가족에게 더 나은 미래를 만들기 위해서라면, 이 부부는 앞으로 관계가 더 나아지길 기대하며 다소 서운하더라도 참고 사는 게 현명하겠죠. 미래에도 내 곁에 함께하며 현재 공동의 목적으로 살아가고 있다고 느껴지는 사람. 그런 사람에게는 지금의 관계에 아쉬움이 있어도, 그 관계 안에서 서로 갈등이 있더라도 견뎌낼 필요가 있어요.

물론 갈등이 있을 때 서로 잘 소통하고 이해하고 존중하면서 서로 위해줄 수 있다면 가장 좋겠지만, 그럴 여력이 없을 때도 있으니까요. 그럴 때는 일단 서로 아쉽더라도 약간의 거리를 두며, 상대를 그저 있는 그대로 놔두고 우선 나를 챙기면서 견뎌내는 것도 필요하죠.

부모가 아이를 양육할 때도 같은 마음이 아닐까요? 아이를 키우는 건 보통 힘든 일이 아니죠. 말을 안 들을 땐 내가 이런 아이를 왜 낳았나 싶어요. 하지만 힘들다고, 내 마음대로 되지 않는다고 자식과의 관계를 끊어버리지는 않잖아요. 오히려 부모는 아이를 위해 자신의 인생을 희생하며 아이가 건강하게 자라나 한 인격체로 성장하도록 돕죠. 미래에도 내 곁에서 함께할 사람이니까요. 그리고 서로 의지하게 될 관계이니까요. 그렇게 가족은 한 배를 탄 운명 공동체 같은 겁니다.

물론 가족 관계라 해도 다 건강할 수는 없습니다. 만약 현재의 관계에서 가족으로서 기본적인 애정조차 가지고 있지 않으면서 상대방에게 신체적, 정서적으로 상처만 주고 있다면 이런 사람과의 관계는 미래를 기대할 수 없습니다. 이렇게 우리는 어떤 관계이건 과거와 현재, 미래를 생각하며 관계를 재설정해나가야 한다는 점을 다시 한 번 강조하고 싶습니다. 때로는 단호하게 끊어내야 하고, 때로는 참고 버텨야 하며, 때로는 미래를 위해 현재를 어느 정도 희생할 필요도 있어요. 그것이 참는 것이든 도망치는 것이든, '희생'의 목적은 어디까지나 사람과의 관계 속에서 지금과 앞으로의 나를 보호하며 더 나은 삶을 살아가는 데 있습니다.

인간관계는
물과 같다

인간관계는 마치 물과 같습니다. 들어오면 들어오는 대로, 나가면 나가는 대로 내가 붙잡아두고 싶어도 붙잡을 수 없는 게 인간관계죠. 물론 내게 상처를 주는 사람, 나를 착취하는 사람과는 멀어져야 해요. 내 의지로 기를 쓰고 도망가야 합니다. 그런데 그렇지 않은 관계라면 자연스럽게 흐르도록 두는 게 순리입니다. 나와 공통분모가 있는 상대와 가까운 사이로 지내다가도 그것이 달라지면 소원해질 수도 있죠. 멀어졌던 관계도 상황이 달라지면 자연스레 다시 회복될 수 있어요. 우리의 관심사, 생활 반경, 일상은 얼마든지 달라질 수 있습니다. 그러니 그와 관련된 관계도 자연스럽게 변화하죠. 이를 받아들이지 않고 흘러가는 관계를 억지로 붙잡으려 하면 욕심과 집착으로 인간관계는 꼬여버립니다.

내 뜻대로 되지 않는 것이 인간관계다

정신의학적으로 봤을 때 '성격장애'라고 분류하는 그룹이 있습니다. 정신 질환까지는 아니고, 성격에 있어 반복되는 어려움을 가지는 부류죠. 그 반복되는 어려움은 주로 사람들과의 관계에서 발현됩니다. 그래서 성격장애가 있으면 당사자 본인이나 주변 사람 사이에서 상처를 주고받게 됩니다.

성장 과정에서의 여러 가지 트라우마 혹은 어려움 때문에 성격적으로 성숙하지 못해서 철없는 어린 아이나 사고뭉치 철부지 상태로 남아 있는 상황이 성격장애의 배경입니다. 대표적으로 히스테리, 자기애, 반사회성, 의존성, 회피성 성격장애 등이 있어요. 대부분의 성격장애는 사람들과의 관계에서 갈등이 생기고 반복됩니다.

그럼 어떤 방식으로 드러날까요? 집착이나 통제라는 형태로 나타납니다. 어떻게든 상대를 내 곁으로 끌어당기려 하거나 내가 원하는 방향으로 행동하고 생각하게끔 하거나 기어코 밀어내는 거죠. 우리가 인간관계를 맺다 보면 나도 모르게 상대를 통제하거나 너무 집착하게 될 때가 있어요. 하지만 일반적으로 우리는 대개 잘못하고 있다는 사실을 깨닫는 순간 정신을 차리고 태도를 교정하죠.

그런데 성격장애를 가지고 있는 사람은 자신이 잘못 설정한 방향으로 쭉 나아가버려요. 그렇게 밀어붙이니 인간관계가 유지될 수가 없겠죠. 자신 때문이든 타인 때문이든 서로 상처받는 상황을 조장하거나 자극하며, 갈등상태에서 해결을 회피하고 방치해서 문제를 더 악화시켜버립니다.

관계라는 건 우리가 붙잡을 수도 없고, 잡는다고 잡히는 것도 아니에요. 밀어낸다고 밀려나는 것도 아니죠. 가까운 관계에서도 마찬가지예요. 친구 사이든 연인 사이든 부부 사이든 부모와 자식 사이든 내 마음대로 되는 관계는 없습니다. 관계는 나와 타인 두 사람 모두의 영역이기 때문에 그렇습니다. 차라리 나 혼자만의 문제라면 나는 스스로를 의지적으로 바꿀 수 있지만, 타인은 내 마음대로 할 수 없잖아요.

모든 관계가 그렇습니다. 때로는 원치 않게 흘러왔다가 원치 않게 떠나가죠. 내가 원할 때 옆에 있고 상호 협의 아래 떠나보낼 수 있다면 다행이겠지만, 그렇게 되지 않는 게 우리의 인간관계예요. 물론 더 돈독한 관계를 만들기 위해 서로 노력할 수 있습니다. 그런 서로 간의 노력이 관계를 꾸준히 이어가게 만들어주기에, 소중한 관계라면 그것을 지키려는 노력을 기꺼이 해야 합니다. 그렇지만 관계의 기본 값은 '끊임없이 변화한다'는 것과 '우리 마음대로 다 되진 않는다'는 것입니다.

그래서 제가 인간관계는 물과 같다고 말하는 겁니다. 물이 제 갈 길을 가듯, 그냥 흐르도록 두는 게 가장 자연스럽다는 의미죠. 또 다르게 표현한다면 인간관계는 절과 같다고 할 수 있습니다. 절은 오는 손님 안 막고 가는 손님 안 붙잡는다고 하잖아요.

때론 버티고 경험치도 쌓으며

물처럼 흐르는 인간관계 속에서 우리가 할 수 있는 일은 하나예요. 바로 도망치지 않는 것. 새로운 관계든 오래된 관계든, 나에게 소중한 관계든 스쳐 지나가는 짧은 관계든, 그 어떤 관계에서도 피하거나 도망치지 않아야 합니다. 항상 그 자리에 있으면서 나에게 새롭게 다가오는 사람들 혹은 과거에는 가까웠지만 멀어졌다가 다시금 가까워지는 사람들을 받아들이며 인연의 끈을 놓지 않을 때,

우리는 비로소 좋은 인간관계를 맺을 수 있습니다. 물론 가스라이팅 같은 해로운 관계가 감지되면 피해야 하죠.

우리가 사회적인 역할을 충실히 하기 위해서는 관계에서 어떻게든 버텨내야 하는 과정도 있습니다. 착취인 듯하지만 악의적인 착취는 아니고, 사회적 정체성을 획득하고 인정받기 위해서 겪어나가야 할 일련의 훈련 과정 같은 거죠.

제게도 이런 과정이 있었습니다. 병원에서 인턴, 레지던트를 할 때나 대학원에서 석박사를 하며 연구를 하고 논문을 쓰는 과정들이 그랬죠. 그 기간이 때로는 고통스럽고 무수한 상처도 남기지만, 어떤 성과를 만들어가기 위해서는 이런 과정이 반드시 필요합니다. 이 과정에서도 가장 중요한 것은 도망치지 않고 버텨내는 거예요.

트라우마가 될 수 있는 상황에서도 마찬가지입니다. 도망치기만 해서는 답을 얻을 수 없습니다. 제가 트라우마 상담을 할 때 자주 하는 비유가 있습니다. 우리의 마음을 유리병에 담긴 물이라고 생각하는 거예요.

맨 처음, 그러니까 인간관계에서 상처를 받지 않았을 때의 우리 마음은 맑은 물처럼 투명한 상태죠. 여기에 '사람에게 받은 깊은 상처'라는 이름의 붉은색 잉크가 똑똑

떨어져요. 그럼 어떻게 될까요? 점점 물 색깔이 붉게 변하겠죠. 트라우마가 생긴 겁니다. 다시 맑은 물 상태로 돌아갈 수 없을 것만 같아 괴롭고 겁이 나서, 내 이런 마음을 아무에게도 들키지 않게 동굴로 숨어 들어갔어요.

그럼 붉은색 잉크로 물든, 즉 상처받은 채 가만히 놔둔 유리병 속의 물 색깔은 어떤 상태일까요? 당연히 그대로 붉은 상태로 머물러 있습니다. 트라우마로 남은 채 말이죠. 이 물을 조금이나마 투명하게 바꾸려면 어떻게 해야 할까요? 중화시켜야 합니다. 오염된 채 고여 있게 내버려 두지 않고 끊임없이 새로운 물을 넣어주면서, 즉 새로운 관계를 맺어가면서 색이 옅어질 때까지 반복해야 해요.

물론 새로운 관계가 항상 맑은 물일 수는 없겠죠. 때로는 이런저런 색으로 오염된 물이 조금씩 섞여들 수도 있습니다. 진한 잉크만큼의 트라우마는 아니더라도 자잘한 작은 상처가 섞여 있을 수는 있지만, 그래도 충분히 많은 양의 여러 가지 경험이 쌓이면 붉은 잉크처럼 짙은 트라우마는 희석되며 결국에는 옅어지게 되죠.

그런데 내가 붉은 잉크가 떨어지는 순간, 그러니까 트라우마로 남을 만한 상처를 받았을 때 관계에 대한 두려움으로 숨어 들어가면 어떻게 될까요? 그러면 안 바뀝니다. 그래서 인간관계에서 상처를 입었을 때 동굴 안으로 들어가면 안 됩니다. 상처를 중화하기 위해서 끊임없이 다양한 관계들을 계속 만들어나가야 하죠. 이는 결국 앞서 이야기한 관계에 대한 경험치로, 사회적 맷집을 만들어가는 것과 일맥상통합니다.

아픔을 현명하게 극복하면 따라오는 것

J씨는 결혼에 한 번 실패했습니다. 결혼식을 준비할 때부터 어그러져서 신혼여행을 다녀온 지 몇 달 만에 이혼하게 되었죠. J씨의 마음 상태는 어떨까요? 짙은 붉은색이겠죠. 이성이라면 진저리가 날 만큼 싫을 겁니다. 그래서 한동안 집에 콕 박혀 이성은 물론 동성 친구들도 만나지 않았어요. 동굴에 숨어 있었던 거죠. 그런데 그런 그에게 친한 친구가 자꾸 찾아와요. 동굴 밖으로 나오라고 손을 내밀고, 같이 있어주겠다고 해요.

동굴 밖으로 나가면 또 상처받을까 봐 두려웠는데, 막상 나와 보니 그만큼의 상처는 아니었어요. 좀 신경도 쓰이고 눈치도 보이고 주목받는 것도 부담스럽지만, 거듭하다 보니 다시 용기가 생겨요. 그렇게 마음의 붉은 잉크가 조금씩 옅어집니다. 그러다가 새로운 사람과 사랑을 하게 됐어요. 물론 새로운 관계에서도 상처를 입죠. 하지만 예전만큼의 깊은 상처는 아니에요. 예전의 상처가 트라우마 수준이었다면 이젠 스스로 약을 발라 치유할 수 있는 정도예요. 새로운 연인과의 결혼 얘기가 오가면서 J씨는 예전의 트라우마가 다시 떠오릅니다. '이 사람이 너무 좋은데, 결혼을 진행하다가 예전처럼 다시 틀어지면 어쩌지? 내가 또 상처를 입거나 아니면 내가 사랑하는 사람에게 상처를 남기면 어쩌지?' 하면서요.

그런데 한 번의 실패 경험이 있으니 J씨는 오히려 갈등을 현명하게 풀어가며 위기를 잘 넘깁니다. 그렇게 결혼식과 신혼여행을 무사히 마쳤어요. 트라우마를 잘 극복하고 결혼 생활이라는 새로운 챕터로 진입한 거예요. 극심한 좌절을 겪으면 아이러니하게도 우리 내부에서는 회복탄력성이 생기게 됩니다. 그러므로 도망치지만 않는다면 트라우마는 내 삶을 한 단계 성장시키는 좋은 계기가 될 수도 있습니다. 이것이 바로 '외상 후 성장Post-traumatic growth' 이에요. 우리는 트라우마, 즉 외상 후 발생하는 정신적인 어려움Post-traumatic stress에 굴복하지 않고 일어서서 새로운 환경에 부딪혀나가야 합니다. 그러다 보면 마음속 상처가 회복되면서 오히려 더 단단해지고, 외상 후 성장을 향해 나아갈 수 있어요. 비 온 뒤에 땅이 더 단단해지는 것처럼 말이죠.

그런데 상처 입고 쓰러졌을 때 회복탄력성을 통해 좌절을 딛고 일어난다는 건 말처럼 쉬운 일은 아닙니다. 여기서 필요한 건 내 마음속에서 회복탄력성의 '기반'이 무엇인지를 찾는 데 있습니다. 이 기반이란 내가 징말 지쳐 쓰러졌을 때 내 마음을 위로해주는 그 누군가입니다.

제 회복탄력성의 기반은 친할머니입니다. 몇 년 전, 만 100세를 열흘 정도 앞두고 하늘나라로 가셨죠. 제가 어릴 적부터 할머니가 제게 항상 하신 말씀이 있어요. "내가 너를 위해서 항상 기도하고 있다." 어릴 때도 그랬지만 지금도 저는 지치고 외롭고 힘들 때면 할머니의 그 말씀이 자연스레 떠오릅니다. 의식하지 않아도 할머니가 제 마음속에서 그렇게 이야기하는 게 들려요. 그러면 마음을 다잡고 다시 일어날 수 있습니다. 누군가에게 상처를 입었을 때도, 나 자신에게 실망했을 때도 할머니의 목소리가 제게 회복탄력성을 만들어주고, 그렇게 다시 일어나서 견뎌내다 보면 어느새 스스로 한 단계 더 성장했음을 느끼곤 합니다.

나를 위해주고 사랑해주고 마음으로 안아주는 그 누군

가에 대한 경험이 누구에게나 하나쯤 있을 거예요. 그리고 그 경험이 우리 마음속에서 회복탄력성을 만들어주죠. 그런데 우리는 그 소중한 누군가와의 관계를 소홀히 하고 잊어버리며 살곤 합니다. 그래서 저는 우리 마음속에 회복탄력성의 기반을 만들어주는 그 누군가와의 소중한 관계 경험을 기억하고, 그것을 소중하게 간직해야 한다고 강조하고 싶습니다. 그 누군가는 저처럼 가족일 수도, 은사일 수도, 멘토일 수도, 종교가 될 수도, 그 어떤 가치가 될 수도 있습니다.

지금까지 관계에서 필요한 여러 루틴들을 소개해보았습니다. 내 삶은 나 스스로 기준을 정하고 내가 직접 살아간다, 착취하고 착취당하는 관계는 끊어내고 도망간다, 관계는 과거와 현재와 미래를 구분해서 판단한다, 그리고 모든 인간관계는 물처럼 흐른다는 것을 기억한다, 이 네 가지입니다.

인간관계의 루틴이라고 해서 혹시 가족 간의 모임은 한 달에 몇 번 정도가 적당하다거나 친구들과의 친목 모임과 비즈니스 술 모임은 어떤 루틴으로 어떻게 가져가는 게 좋다는 식의 내용을 기대했다면 제가 정리한 루틴을 읽고 '너무 막연하고 추상적인 거 아니야?' 하며 실망했을

지도 모르겠네요. 그런데 인간관계에서의 구체적인 루틴은 사람마다 다 다릅니다. 우리는 각자 고유한 정체성으로 저마다의 사회적인 환경 안에서 살고 있으니까요.

그래서 제가 말씀드린 루틴의 원칙에 크게 위배되지 않는다면, 우리는 나름대로 괜찮은 인간관계를 이어가고 있는 겁니다. 우리는 그저 묵묵히 끊임없이 인간관계를 이어나가다 보면 자연스레 경험치가 쌓이고 레벨 업 하면서 더 건강한 인간관계를 만들어 갈 수 있습니다. 그렇게 끊임없이 만나고 헤어지고 이어가고 경험하며 내 마음의 물병 안에 다양한 빛깔의 맑은 물을 들이면서, 계속해서 인간관계가 이어질 수 있도록 작은 루틴을 꾸준히 실천하기를 권합니다.

4장

부정적인
생각과 감정에
휩쓸리지 않기 위해

마음 루틴

몸과 마음이
모두 소진되었다면

지금까지 우리는 일상이 무너졌을 때 나를 잡아줄 아주 작은 루틴들을 주제로 이야기해왔습니다. 처음에는 우리에게 작은 루틴이 왜 필요한지에 대해 이야기했고, 그다음으로는 실생활에서 적용할 수 있는 구체적인 루틴들을 소개했죠. 일을 하면서도 일상생활을 지키고, 인간관계에서 나를 지키기 위한 루틴들 말입니다.

마지막으로는 나 자신을 지키기 위한 작은 루틴에 대해 알아보려 합니다. 결국 내 삶의 운전대를 붙잡고 살아가는 건 나 자신이잖아요. 그런 의미에서 스스로를 챙기는 일은 무엇보다 중요하죠.

번아웃이 위험한 이유

누구나 한 번쯤 번아웃 증후군Burnout syndrome이란 말을 들어봤을 겁니다. 우리말로는 '탈진' 혹은 '소진' 상태라고 할 수 있죠. 개인적으로는 '기운이 다해서 없어졌다'는 의미의 탈진脫盡보다는 소진燒盡, 消盡이 더 들어맞는 말이라고 생각합니다.

흥미로운 건 한자로 소진이라는 단어는 '다 타버리고 없어졌다[燒盡]'와 '쓸 수 있는 몸과 마음의 에너지가 다 떨어져서 지친 상태[消盡]' 이렇게 두 가지로 쓸 수 있는데, 번아웃은 두 의미를 포괄한다는 겁니다. 번아웃이라는 단어 그대로 본다면 전자의 소진燒盡이 더 잘 맞고, 의미적으로 보면 후자의 소진消盡이 번아웃 증후군과 더 잘 맞아떨어지는 거죠. 번아웃 상태, 즉 정서적 소진이란 일에 파묻혀서 나를 돌볼 새도 없이 지내다 보니 정서적인 에너지가 다 타버리고 쓰여서 하나도 남지 않은 상태를 말합니다.

번아웃 상태가 되면 다양한 증상이 나타납니다. 에너지, 기분, 감정, 생각, 인지, 신체 모든 것에 문제가 발생하죠. 처음에는 그냥 피곤하고, 다 귀찮고, 뭐든 하기 싫고, 잠도 자는 둥 마는 둥 하고, 입맛도 없어집니다. 기분도 처지고, 만사가 다 부정적으로만 느껴지죠. 뭘 해도 잘 안 될 것 같다는 생각이 들어서 의욕이 떨어집니다.

더 심해지면 좋은 일이 있어도 즐겁지가 않고, 손해를 봐도 아깝지가 않아요. 어떤 일을 대해도 아무런 감정이 생기지 않습니다. '무감정' 상태가 되는 거죠. 쓸데없는 생각이 꼬리에 꼬리를 물기도 하고, 그냥 멍하니 있기도 합니다. 그러면서 그냥 다 내려놓고 사라지고 싶다는 생각도 들죠. 집중력과 기억력도 현저히 떨어져서 주변에서 내 이름을 불러도 놓치고, 최근 이야기한 내용도 기억이 잘 나지 않습니다. 신체적으로는 하루 종일 피곤하고, 온몸이 쑤시고, 두통이나 소화불량 등의 증상이 동반되기도 합니다. 한마디로 마음과 몸이 다 망가져버린 상태예요.

번아웃 상태가 이정도로 심해지면 그 어떤 것도 할 수가 없습니다. 그러니 앞서 열심히 강조한 일상의 작은 루틴들을 끼워 넣을 틈도 없습니다. 우리 몸과 마음의 배터리가 제로로 방전되어버린 상태니까요. 여러 가지 일상 루틴은 우리에게 남아 있는 에너지를 효율적으로 사용하기 위한 것인데, 그 에너지가 남아 있지 않은 걸요. 자동차 배터리가 방전되면 아무리 시동을 걸어도 걸리지 않는 것과 마찬가지죠.

그러니 심한 번아웃 상태에서는 한 가지 외에는 아무것

도 필요 없어요. 충전밖에는요. 먼저 충전부터 한 이후에 그 에너지를 잘 활용하고 다시 번아웃 상태로 빠지지 않기 위해서 일상의 루틴을 시작해나가는 겁니다.

번아웃을 극복하는 가장 좋은 방법

이런 경우도 있어요. 분명 일상의 루틴을 잘 잡으면서 살고 있었는데도 번아웃이 온 거죠. 그러면 루틴에 배신 당하는 느낌이잖아요. 삶에서 루틴을 지키면 번아웃이 예방되어야 할 것 같은데 말이죠.

그럼에도 불구하고 번아웃이 오는 이유는 내가 루틴을 통해 관리하는 에너지보다 더 많은 에너지를 사용해버렸기 때문입니다. 일상의 루틴은 우리 삶에 들어오고 나가는 에너지를 효율적으로 관리하기 위한 것이지 에너지를 새롭게 창조해주진 않거든요.

루틴이 있어도 번아웃이 쉽게 온다면 우선 나의 사회적인 욕심이 너무 커지지 않았는지 돌아봐야 합니다. 우리는 사회적으로 성장할수록 더 복잡한 상황을 마주합니다. 내 경험치나 능력치가 높아지는 만큼 맡는 일도 많아지고, 성과에 대한 기대도 높아지죠.

제 경우도 그래요. 어찌 보면 이 내용은 지금 제게 딱 필요한 이야기라고 할 수 있겠네요. 일이 들어오는 만큼, 주변에서 기대하는 만큼 해내려고 하면 당연히 내 몸과 마음의 에너지는 많이 소모됩니다. 아무리 일상의 루틴을 가지고 있더라도 내가 관리하는 에너지보다 소모되는 에너지가 많으면 총 에너지는 점점 줄어들고 머지않아 소진되겠죠.

루틴이 있어도 번아웃이 오는 또 다른 이유를 들자면, 어쩔 수 없이 우리 인생은 변화무쌍하고 예측 불가능하기 때문입니다. 삶의 모든 영역이 우리가 생각하는 대로, 계획한 대로 착착 진행된다면 얼마나 좋겠어요. 일상에 잡혀 있는 규칙적인 루틴대로 살아가면 하루하루 일상의 에너지도 효율적으로 돌아가겠죠. 그런데 우리가 사는 현실의 삶은 우리가 원하는 대로 흘러가지 않습니다. 매일매일이 돌발 상황의 연속이죠. 우리는 그 예측하지 못했던 하루의 변수들에 대처하며 살아가야 합니다.

이런 인생의 변수는 그 타격감에 따라 에너지 소모의 양이 다릅니다. 사소한 일이라면 수습도 단순할 겁니다. 그런데 예기치 못했던 큰일이 '펑' 하고 터지면 일단 지금 집중하던 일은 모두 멈추고 눈앞에 터진 일을 수습하는 데 온 에너지를 쏟아야 하죠. 당연히 루틴은 깨지고 에너지를 초과해서 쓰게 됩니다. 한 번 그렇게 스텝이 꼬이면 일상 루틴을 되찾기까지 시간이 걸립니다. 그 기간 동안에는 어쩔 수 없이 평소보다 많은 에너지를 소모할 수밖에 없어요. 그러다 보면 번아웃으로 넘어가기가 쉬워집니다.

결국 번아웃을 예방하려면 일상의 루틴 가운데서도 에너지를 채워 넣는 시간이 필요합니다. 에니지가 제로가 되어 아무것도 할 수 없을 때도 에너지를 충전하는 시간이 필요하고요. 바로 휴식을 통해서 말입니다. 고갈된 나의 몸과 마음에 다시 불을 붙이기 위해서는 휴식이라는 에너지 충전이 우리 생활 속에 기본 루틴으로 잡혀 있어야 합니다.

내 마음을 단단히 하기 위한 휴식의 전략, 이것이 일상 속 아주 작은 루틴의 마지막 챕터입니다.

아무것도 하지 않는
휴식 루틴

　휴식이라는 단어를 한자로 쓰면 '休息'입니다. '휴休' 자는 사람 인人과 나무 목木 자를 합쳐서 만든 글자죠. 사람이 나무에 기대어 있는 모습을 형상화한 것입니다. '식息' 자는 스스로 자自 자 밑에 마음 심心 자를 합쳐서 만든 글자로, '호흡하다, 숨 쉬다'라는 의미예요.

　식 자를 조금 더 들여다보면, 자自 자는 코를 상징하고, 심心 자는 심장을 상징합니다. 코에서부터 심장, 폐까지 호흡이 왔다 갔다 하는 모습을 표현한 글자가 바로 숨 쉴 식息 자인 거죠. 너무 정신없이 바쁘게 지내서, 에너지가 다 고갈돼서 숨을 헐떡이다가 나무에 기대어 천천히 숨을 고르는 상태가 휴식의 진정한 뜻이라고 볼 수 있습니다.

제대로 쉴 줄 모르는 사람들

문제는 휴식이라는 게 말처럼 쉽지 않습니다. "지금부터 그냥 쉬세요." 이런 말을 듣는다면 어떨까요? 저는 순간 행복해질 것 같긴 합니다. 사실 저는 아무것도 안 하고 그냥 누워 있는 걸 상당히 좋아하거든요. 그런데 그렇게 한참을 그냥 누워 있다 보면 자연스레 이런 생각이 들죠. '언제까지 쉬어야 하지? 정말 이렇게 아무것도 안 하고 있어도 되나? 이제 뭐 하지?'

휴식을 일처럼 열심히 하는 사람들도 있습니다. 직장인 K씨는 요즘 너무 지쳤어요. 회사 프로젝트를 연달아 진행하면서 매일 야근하느라 한 달 넘게 가족들 얼굴도 제대로 못 봤죠. 딸과 식탁에 마주 앉아본 지가 언제인지 기억도 잘 안 나요. 물론 사회적으로는 성공했다고 인정받지만, 내가 일을 하기 위해 사는 건지 살기 위해 일을 하는 건지 모르겠고, 더 이상 이렇게는 못 살겠다고 느꼈죠. 그래서 지금 하고 있는 프로젝트만 마무리되면 회사에 한 달 동안 휴가를 내기로 큰맘 먹고 다짐했습니다. 가족과 함께 시간도 보내고 푹 쉬면서 재충전을 하기 위해서였죠.

휴가 승인이 나자마자 K씨가 뭘 했을까요? 휴가 계획을 세웠어요. 마치 일을 하듯이 말이죠. '요즘 한 달 살기가 유행이라는데, 가족과 낯선 곳에 가서 한번 살아보면 어떨까? 서먹했던 사이가 다시 돈독해지지 않을까? 발리나 치앙마이에 한 달 살기로 많이 간다던데, 날씨가 어떠려나? 아, 요즘 엔화 환율이 낮으니까 일본 소도시로 가볼까? 아니야, 한 달이라는 시간이 언제 또 주어질지 모르는데 중동이나 유럽 같이 완전히 낯선 곳으로 가볼까?'

　K씨는 그렇게 '온 가족 한 달 살기'라는 새로운 프로젝트에 뛰어들었습니다. 각 지역의 물가, 치안, 볼거리 등을 비교하며 최적의 장소를 찾고 구체적인 프로그램을 짰어요. 쉬겠다더니 또 일을 벌인 거죠. 자, K씨가 한 달 살기를 끝내고 회사에 복귀하면 휴식을 했으니 에너지가 넘칠까요? 글쎄요. 회사에서 가족으로 대상만 바뀌었을 뿐 하나의 프로젝트를 마친 상황과 마찬가지니 여전히 피곤할 것 같아요. 그러고 보면 쉬는 건 생각보다 어려운 일입니다. 그래서 휴식에도 일상의 루틴이 필요합니다.

'지금 여기'에서 실행하기

　내 마음을 단단하게 만들어줄 휴식의 전략, 그 첫 번째는 거창한 휴식보다 '지금 여기Here & Now'에서 바로 할 수 있는 휴식을 찾는 것입니다. 일상생활 중에 일을 하다 짬이

났을 때든, 어딘가로 이동을 하는 도중이든, 화장실에서 볼일을 볼 때든, 잠자리에 누워 잠들기 전이든 잠깐잠깐 그 순간의 시간을 활용할 수 있는 휴식 방법을 찾는 거죠.

이렇게 잠깐의 순간, 그 자리에서 할 수 있는 휴식으로 에너지를 채우려는데 '아! 그럼 틈 날 때마다 일에 도움이 될 만한 책을 읽어야지' 하고 생각하진 않았나요? 그건 휴식이 아니에요. 휴식은 일, 자기계발, 공부, 성장과 관련이 없는 것이어야 합니다. 이런 것들은 우리 일상을 한 단계 더 발전시키기 위한 루틴이지 휴식을 위한 루틴이 아니에요. 운동도 마찬가지고, 취미생활로 어학이나 악기나 뭔가를 배우는 것도 휴식이 아닙니다.

휴식을 통해 욕심을 충족하려 하면 휴식이 될 수 없어요. 머릿속을 꽉 채우고 있는 욕구를 비우고, 마음이 편안해지는 무엇을 찾길 바랍니다. 핵심은 '남들의 시선에서 보기 좋은 것'이 아니라 '그냥 내가 좋아하는 것'입니다. 내가 하고 있는 휴식이 누군가가 봤을 때 대단하다고 박수 치고 부러워할 만한 것이라면 이게 정말 나를 위한 휴식인지 물음표를 띄워야 하죠. 이런 나를 위한 휴식은 뭔가를 하는 것처럼 보이지 않고, 오히려 아무것도 안하는 것처럼 보이기도 합니다.

'아무것도 하지 않는' 휴식

우리나라 사람들은 아무것도 하지 않으면 죄책감을 느끼는 것 같아요. 되돌릴 수 없는 소중한 시간을 허투루 보내버린다고 여기죠. 가끔은 아무 생각도 하지 않고 멍하니 있는 시간도 필요한 법인데, 이런 비움의 시간을 용납하지 못해요. 휴식에 있어서 '아무것도 하지 않기'는 정말 아무것도 하지 않는 것이라기보다 우리 삶의 성과 측면에서 볼 때 무의미해 보이는 것을 하는 휴식을 말합니다. 이런 휴식으로 과부하가 걸려 있는 마음의 상태를 안정화시켜야 다시 열심히 일상으로 뛰어들 수 있죠.

그런 의미에서 휴식하는 방법을 찾기 어려워하는 사람들을 위해 제 나름의 '아무것도 하지 않는 휴식' 몇 가지를 소개합니다. 얼핏 보면 뻔하고, 주관적일 수도 있고, 너무 건강한 버전의 휴식일 수도 있지만, 제가 일상에서 틈이 생길 때면 해보려 하는 휴식 루틴입니다. 몇 가지 예시를 들어보겠습니다.

첫째는 티타임입니다. 점심 먹고 난 뒤에 직장 동료들과 같이 마시는 건 제외하고요. 그건 일의 연장이죠. 아무리 가까운 사이라도 서로 눈치를 보며 이야기하게 되니까요. 영국 문화권에서는 '애프터눈 티Afternoon tea'라고 해서 점심과 저녁 사이에 다과를 즐기는 틈을 가집니다. 혼자 즐길 수도, 가까운 사람들과 함께할 수도 있어요. 수다를 곁들일 수도 있고요.

다만 제가 여기에서 말하는 티타임은, 온전히 나 혼자서 즐기는 시간을 말합니다. 아무것도 하지 않고 온전히 차만 마시는 시간을 가져본 적 있나요? 가능하다면 직접 차를 고르고 우려내는 것도 좋습니다.

저는 주로 이 시간에 커피를 마십니다. 일과 중에 잠시 틈이 나면 그날 마시고 싶은 커피의 원두를 그라인더에 갈고, 드리퍼에 필터를 씌운 뒤 거칠게 갈아낸 커피 가루를 얹고, 드립포트로 천천히 물을 흘려보내 커피를 내립니다. 그 일련의 과정이 제게는 마음을 다스리는 하나의 의식입니다. 그라인더를 돌리고, 주전자 물줄기를 돌리고, 그러면서 향긋한 커피향이 올라오고…. 일종의 나만의 명상과도 같죠.

그러고 차분히 앉아 천천히 커피 향을 음미하며 마십니다. 커피를 내리는 행위가 무언가를 하는 것이긴 하지만 아무것도 안 하는 것과도 같은 그런 휴식이죠. 막상 시간도 많이 걸리지 않습니다. 20~30분이면 충분해요. 그렇게 나만의 티타임을 가지고 나면 다시 일에 집중하기가 수월해집니다. 에너지를 채웠으니까요.

둘째는 음악 감상과 문학작품 독서입니다. 우리가 흔히 하고 있는, 출퇴근 시간에 차 안에서 듣는 음악이나 일하면서 듣는 노동요와는 다릅니다. 다른 아무것도 하지 않고 그저 순수하게 그날 내가 듣고 싶은 음악을 골라서 온전히 듣는 행동을 말합니다. 독서도 마찬가지예요. 자기계발서, 업무와 관련된 혹은 정보 습득을 위한 책, 시사 잡지, 신문 이런 것 말고요. 소설, 시, 에세이 같은 문학 작품을 읽는 걸 말합니다. 이런 책들은 우리 생각이 흘러가는 대로 내려놓을 수 있게 해줍니다. 생각의 휴식이죠.

한번 돌아보세요. 내가 듣고 싶은 음악만을 듣기 위해 시간을 가져본 적이 있는지, 내가 읽고 싶은 소설을, 오직 그것만을 읽기 위해 시간을 내어본 적이 있는지 말이죠. 막상 우리는 스스로에게 무엇이 필요하고, 무얼 할 때 즐겁고, 어떻게 해야 휴식이 되는지를 알면서도 그것을 회피해왔을지도 모릅니다. 당장의 일이 더 시급하다는 이유로요.

셋째는 산책입니다. 거창한 곳을 걷는 게 아니라 내 주변의 동네를 걷는 거예요. 그냥 대충 아무렇게나 걸쳐 입고는 밖으로 나가서 온전히 걷는 것에만 의미를 둔 채 정처 없이 걷는 거죠. 아무 생각 없이 산책을 하면서 다른 사람들의 모습을 관찰해봅니다. 나와 아무 관련 없는 사람들 사이에서 그저 존재하는 나 자신을 느껴보는 거죠.

시간적인 여유가 된다면 사람들이 왔다 갔다 하는 공간이 아닌 자연 속에서 혼자 걷는 것도 좋습니다. 30분 정도 산책할 수 있는 근처 공원이나 숲, 산을 찾아가는 거죠. 그런 공간에서 자연의 변화를 그저 바라보는 것도 좋습니다. 그렇게 일 속에 파묻혀 좁아진 시야에서 벗어나 더 큰 세상 속에서 사람들이 살아가는 모습, 자연이 살아 숨 쉬며 변해가는 모습을 바라보는 것만으로도 우리 마음의 크기는 확 달라집니다. 머릿속을 꽉 채운 복잡한 생각을 걷어내고, 마음의 여유를 찾으며 에너지를 충전하는 거죠.

넷째는 목욕 또는 반신욕입니다. 때로는 스트레스가 너무 심해 머리가 복잡해서 아무것도 할 수 없다고 느낄 때가 있습니다. 그럴 때는 음악도 귀에 들어오지 않고 책도 읽히지 않죠. 밖에 나가 걸어보려고 해도 정신적인 에너지가 고갈되어 걸을 의욕도 안 생깁니다. 그럴 때 저는 욕조에 따뜻한 물을 채워 그 안에 몸을 누입니다. 제 아내도 이제는 제 습관을 알아서 가끔 제가 욕조에 물을 받고 있으면 '아 오늘은 남편에게 뭔가 복잡한 일이 있나보다'

생각하고 저를 그냥 내버려둡니다. 때로는 저를 위해 입욕제 하나를 넣어주기도 하고요.

욕조에 들어가면 그저 따뜻한 물에 몸을 담그고는 아무 생각도 하지 않습니다. 말 그대로 멍 때립니다. 그러다 보면 몸의 긴장이 풀어지고 신경계의 예민함도 누그러들면서 숨도 심장박동도 차분하게 골라집니다. 마치 컴퓨터에서 쉴 없이 바쁘게 돌아가던 프로그램들을 잠시 꺼두는 것과 같죠.

그렇게 몸과 마음이 가다듬어진 다음에 잠을 자면 평소보다 푹 잠을 잘 수 있습니다. 그러면 다음 날에는 마치 컴퓨터를 껐다가 다시 킨 것처럼 쌩쌩해지죠. 머리를 복잡하게 했던 스트레스도, 쌓여 있던 일도 능률적으로 처리할 수 있어요. 아르키메데스Archimedes가 비중Specific gravity이라는 개념을 연구실이 아닌 욕조에서 발견한 것도 비슷한 맥락이죠.

물론 휴식 과정에서 이 네 가지를 적절히 섞는 것도 가능한 옵션입니다. 차를 마시며 문학작품을 읽을 수도, 걸으면서 음악을 들을 수도 있죠. 각자 취향입니다만, 저는 정신이 복잡할 때는 그중 한 가지에만 집중하는 것을 권합니다. 두 가지 이상을 섞어서 같이 하려는 것도 때론 휴식에 대한 나의 욕심일 수 있으니까요.

적당한 일탈은 휴식이 된다

일상에서 일탈을 하는 것도 때로는 휴식입니다. 쳇바퀴만 돌며 지쳐버린, 밋밋하고 심심한 삶에 신선한 바람을 불어넣는 거죠. 앞서 소개한 대로 아무것도 하지 않는 건강한 휴식도 좋지만, 때론 다소 건강한 것이 아니어도 내 일상에 자극을 주는 게 에너지를 충전하는 또 다른 방법입니다. 아마 저 같은 정신과 의사는 건강한 이야기만 할 거라고 생각할 거예요. 하지만 우리가 늘 경건하고 바르게 살 수만은 없잖아요. 일상에서 허용 가능한 사소한 일탈이라면 다소 자극적이더라도 휴식은 휴식이죠.

가장 쉬운 방법은 영화든 드라마든 예능이든 흥미롭고 자극적인 영상물을 보면서 일상에서 받은 스트레스를 날려버리는 겁니다. 이런 영상물은 다소 폭력적일 수도, 욕망을 건드리는 자극이 있을 수도 있어요. 치열한 일상의 환경에서 벗어나 나를 쉴 수 있게 한다면 허용 가능한 범위의 필요악이죠. 저는 게임을 좋아해서 즐기는 편입니다. 요즘은 VR로 하는 게임을 하는데, 완전히 다른 세계로 빨려 들어간 것 같아 흥미롭고 때론 그 속에서 영감을 받기도 합니다.

　다만 이런 것에 너무 빠지거나, 영상을 보고 게임을 한 뒤 씁쓸한 기분이 드는 건 경계해야 합니다. 밤새서 영상물을 보고 게임을 하는 것이 대표적인 악영향이죠. 저는 온라인에서 다른 사람들과 하는 게임보다 저 혼자 하는 게임을 선호합니다. 아무래도 다른 사람들과 경쟁하는 게임은 하고 나면 일을 한 것처럼 느껴져서 피곤하거든요. 다소 자극적인 휴식이라도 깊이 빠져들며 일상에 부담을 준다면 그건 더 이상 휴식이 아닙니다.

　다음은 기호식품을 즐길 수도 있어요. 맵고 기름진 음식을 먹거나 술을 마시거나 담배를 피울 수도 있죠. 이런 것들이 몸에 나쁜 것도 알고 후회할 것도 알지만, 때론 이런 일종의 자학을 해야 마음의 분노, 화, 억울함, 짜증이 해소될 때가 있습니다. 매운 맛에 혀가 타들어가는 것 같고 땀이 비처럼 흘러야 뭔가 속이 풀려요. 기름진 음식에 술을 마시면 입이 즐겁고 나른하게 술기운이 오르면 하루의 스트레스가 잊히기도 하죠. 타들어가는 담배를 보면 담배 연기에 복잡한 심정이 풀려 흩어지는 것 같기도 합니다.

　다만 이 모든 건 자학입니다. 나를 괴롭히는 거예요. 다만 스스로 자학임을 알고 정도를 조절할 수 있다면 이 또한 일탈적인 휴식의 범주에 들어갈 수 있습니다. 즉 과하면 안 된다는 말입니다. 그리고 사회적인 시선도 신경 써야 합니다. 엄연히 일탈이잖아요. 타인에게 피해를 준다면 이건 나를 위한 휴식이 아니라 그저 타인에 대한 폭력입니다.

우리가 휴식을 휴식으로 만들기 위한 첫 단계는 하루하루 삶 속에서 잠깐의 시간을 확보하는 것입니다. 건강한 휴식이든 일탈을 통한 휴식이든, 치열한 생활 속에서 붙잡고 있던 일을 잠시 내려놓고 숨을 고르는 거죠. 그러려면 일상의 틈을 만들기 위한 휴식 전략도 만들어둬야 합니다. 휴식을 하는 방법이 아닌 휴식할 시간을 만들기 위한 방편이죠. 일상 속에서 휴식이 가능한 시간을 짜낼 방법을 찾고, 질리지 않고 이것저것 꾸준히 해나갈 수 있는 나만의 휴식 방법을 만들어놓는다면 우리가 번아웃에 빠질 일도 없을 것입니다.

나는 왜
생각을 멈추지 못 할까

화제를 바꾸어 새로운 이야기를 해보겠습니다. 생각이 꼬리에 꼬리를 무는 상태에 대한 것입니다. 생각이 꼬리에 꼬리를 물기 시작하면 우리 마음을 괴롭히죠.

예를 들어 어떤 프로젝트를 마무리하고 평가만 남은 상황이에요. 근데 마음이 편치 않아요. 머릿속으로 이미 제출한 보고서에 대해 계속 생각하는 거예요. '뭐 빠진 게 없나? 자료 하나만 더 추가할 걸… 오타 체크를 못 했는데 누가 발견하면 창피해서 어쩌나… 설마 그것 때문에 입찰에 떨어지진 않겠지?' 하면서 이미 지나간 일을 계속 되씹는 거죠.

심지어 평가는 아직 나오지도 않았는데 나쁜 평가를

받는 상황까지 신경 쓰는 거예요. 만일 실패하면 주변 사람들의 시선이 어떨지, 앞으로 회사에서의 입지가 좁아지면 어떻게 대처해야 할지 등등 머리가 터질 것처럼 생각이 많아집니다. 이렇게 생각을 계속하다 보면 결국 부정적인 방향으로 생각이 흐르죠. 가능성도 낮은 파국적인 결과로요.

대인관계 역시 마찬가지입니다. 누군가와 대화를 나눴던 상황을 다시 떠올리면서 '내가 그 말을 한 걸 혹시 기분 나빠 하면 어쩌지? 그때 평소보다 표정이 안 좋아 보이던데 역시 내게 서운했나?' 등등 잠자리에서 그날 있었던 친구와의 관계를 곱씹다 보면 생각은 또 꼬리에 꼬리를 뭅니다.

이런 생각은 '혹시나', '어쩌면', '만약에' 같은 식으로 계속 가능성이 낮은 상황을 머릿속으로 그리면서 여러 갈래로 확장되죠. 당연히 마음은 불안하고 괜한 자책이 앞서기도 합니다. 스스로를 괴롭히던 생각에 빠져 잠도 제대로 못 이루죠. 하지만 다음 날 아침 친구에게 연락해보면 친구는 그 상황을 기억조차 하지 못해요. "왜 그래? 난 전혀 신경 쓰지 않았고, 사실 기억도 잘 안 나!" 그제야 내 생각이 너무 과했다는 걸 깨닫습니다.

나를 괴롭히는 침투 사고

생각하고 싶지 않지만 생각이 꼬리에 꼬리를 물면서 자꾸만 이어지는 생각을 '침투 사고Intrusive thought'라고 합니다. 생각을 돌리려 해도 자꾸 끼어들고, 내 머릿속을 침투해 들어오는 사고를 말하죠. 그럴 땐 입으로 소리를 내면서 생각을 멈춰보세요. "쉿, 생각 그만!" 이런 식으로요. 물론 그래도 방심하는 순간 침투 사고는 다시 끼어듭니다. 그래도 스스로에게 의지적으로 이렇게 되뇌는 거예요. '이런 생각은 나를 괴롭히는 아무 의미 없는 생각이니까 그만하자. 그냥 끊임없이 무시해버리는 거야!'

그리고 그 자리를 벗어나 생각의 환경을 바꾸고 방향을 돌려보는 것도 한 방법입니다. 예를 들어 가까운 영화관에 가서 영화를 보는 거예요. 아무래도 집에서 OTT로 보는 것보다는 더 집중이 잘 되겠죠. 화면도 크고 일단 자리에 앉으면 영화가 끝나기 전까지 밖으로 나가기도 힘들고요.

그런데 말이죠, 심한 경우에는 아무리 생각을 돌리려 해도 영화 내용에 집중이 안 돼요. 이 영화는 분명 내가 보고 싶었고, 다른 사람들도 재미있다고 하는, 평점도 좋은 영화예요. 이야기 진행도 빠르고, 생각을 깊게 해야 하는 어려운 내용도 아니고, 그저 아무 생각 없이 보면 되는 블록버스터 액션영화예요. 눈은 영화를 보고 있는데 머릿속에는 쓸데없는 생각들이 다시 떠올라요. 자꾸만 생각해봐야 아무 의미도 쓸모도 없다는 걸 아는데도, 나도 모르는 사이 불쑥불쑥 생각이 끼어듭니다. 그러니 당연히 영화에 집중할 수가 없죠. 이렇게 침투 사고가 계속되면 우리는 휴식을 할 수가 없어요.

침투 사고는 불안의 영역으로, 그중에서도 강박 영역에 속합니다. 자꾸만 끼어드는 생각들을 '강박 사고'라고도 해요. 그리고 그것을 해소하기 위해 반복적으로 하는 행동이 '강박 행동'이죠.

강박 행동으로 인해 내가 불안에 대한 생각을 해결할수 있다면 그나마 나아요. 그런데 침투 사고는 당장 대처할 수 없는 생각이에요. 이미 벌어진 일이거나 아직 일어나지도 않은 미래의 상황인 경우가 많죠. 시간이 지나 자연스럽게 어떤 결과가 나오기 전까지는 상황을 바꿀 수도없고, 일에 대한 평가 역시 순리대로 기다리는 수밖에 없잖아요. 답 없는 문제를 붙잡고 늘어져봐야 아무 의미가없어요.

생각을 멈추고 싶지만 멈추지 못할 때

침투 사고가 나를 지배할 때는 그저 생각을 흘려보내야 합니다. 침투 사고는 끊임없이 우리 머리 안으로 흘러들고, 우리는 다시 그 생각을 머릿속에서 끊임없이 흘려보내야 하는 거죠. 그런데 이게 말처럼 쉽지가 않습니다. 때때로 우리는 쓸데없는 생각인 걸 알면서도 계속 붙잡아두곤 합니다. 그러면 또 괴롭고 정신이 피폐해지죠. '이렇게 되면 어떡하지? 저렇게 되면 어떡하지? 나는 결국 이렇게 되고, 일은 저렇게 될 텐데….' 이런 생각을 이어가며 쉬지 못해요. 잠도 잘 못 들죠. 생각이 곧 현실로 닥칠 것만 같은데, 잠을 자버리면 내가 제대로 대처할 수 없잖아요. 결국 이런 생각에 휩싸이면 마음을 지키기 위해 휴식 루틴을 해나가는 것 또한 불가능해집니다.

이럴 때는 어떻게 해야 할까요? 불필요하다는 걸 알면서도 던지지 못하고, 던져도 끊임없이 되돌아오는 이 골칫덩이 침투 사고를 어떻게 다뤄야 할지 이어서 설명해보겠습니다.

명상,
비우고 다시 채우는 시간

    휴식에 대해 이야기할 때 빼놓을 수 없는 것이 '명상'입니다. 명상瞑想이라는 단어를 들여다보면 어두울 명瞑 자에 생각 상想 자를 씁니다. 즉 잠시 내 생각을 어둡게 만든 채 생각에 잠긴다는 의미죠. 달리 표현하자면 내 생각을 여러 복잡한 생각들로부터 그저 어둡게 꺼두는 것이라고도 할 수 있어요. 명상을 뜻하는 영어 단어인 'meditation'은 '집중하다'라는 의미에 가깝지만, 어떤 생각을 더 하라는 의미라기보다 하나에만 집중하면서 다른 생각은 꺼두라는 의미에 가깝습니다.

    그러니 결국 동서양 모두에서 명상의 의미는 불필요한 생각을 끊어내는 것이죠. 결국 명상의 시작은 머릿속에 가득찬 생각을 비우는 것입니다. 이는 앞에서 이야기한 침투 사고에서 벗어나는 해결책이기도 합니다.

명상의 형태는 다양합니다. 운동의 영역으로는 요가도 명상의 일환이고, 종교적으로 보면 기도나 참선도 명상과 유사합니다. 유튜브에서 명상 키워드로 검색해보면 명상을 도와주는 다양한 형태의 영상이 나오죠. 요즘은 명상 습관을 만들도록 도와주는 애플리케이션도 있어서 예전보다 명상에 대한 접근성이 좋아졌어요.

이 책에서 제가 제시하는, 우리가 일상적으로 가장 쉽게 할 수 있는 명상은 세 가지입니다. 온전히 내려놓기, 생각 흘려보내기, 나를 채워 넣기. 지금부터 이 세 가지 명상에 대해 소개하겠습니다.

온전히 내려놓기

'내려놓기'와 '비우기', 좀 추상적인 말들이죠? 하지만 이것이 명상의 기본 목적입니다.

생각을 내려놓고 머리를 비우는 가장 쉬운 방법은 중립적인 것을 하나 정해서 거기에만 내 생각을 온전히 집중하는 거예요. 이 중립적인 집중할 거리의 대표적인 것이 바로 호흡입니다.

숨을 천천히 내쉬고 천천히 들이쉬고, 또다시 천천히 내쉬고 들이쉬는 반복적인 동작에 모든 정신과 생각을 집중하는 거예요. 누군가는 코끝에 느껴지는 숨결의 감촉에 집중하기도, 누군가는 가슴이 부풀었다가 닫혔다가 하는 신체 감각에 집중하기도 합니다. 그렇게 온전히 나의 호흡과 관련된 감각을 느끼는 데 집중하는 거죠. 중립적인 하나에 집중한다는 건 나의 생각이 더 이상 침투 사고를 하지 않는다는 뜻이기도 합니다. 즉 중립적인 생각에 집중해서 침투 사고는 어둡게 꺼두는 거죠.

그런데 여기에도 흔히 빠지기 쉬운 함정이 있습니다. 우리가 호흡에 집중할 수 있는 시간이 얼마 만큼일까요? 10분? 20분? 처음에는 5분간 집중하기도 어려울 거예요. 숨 쉬기에 집중하다 보면 나도 모르게 어느새 내 생각이 침투 사고에 되돌아가 있거든요. 그러면 명상을 해도 침투 사고를 이겨내지 못한다고 느끼게 됩니다.

그렇게 명상을 몇 번 해봤는데 잘 안 되고, 별 의미도 없었다면서 포기하는 사람도 있죠. 명상을 하다가도 계속 다른 생각이 떠오르기 때문입니다. 그런데 이렇게 침투 사고가 끼어드는 건 '정상'입니다. 명상이 소용없다거나 내가 명상을 잘 못하기 때문이 아니에요.

평생 수도한 스님들도 명상에 집중하는 사이사이에 쓸데없는 생각이 끼어든다고 고백합니다. 그래서 절에 죽비가 있잖아요. 명상 중에 잡생각을 하는 사람의 등을 '딱' 하고 큰 소리가 나게 내리치는 거죠. 그 소리에는 '잡생각에서 벗어나 다시 지금 여기의 명상으로 돌아오라'는 의미가 담겨 있죠. 이렇듯 무언가에 집중해서 명상을 하다가 잡생각으로 옮겨가는 것은 지극히 정상입니다. 중요한 건 잡생각에 빠졌다는 사실이 아니라 '잡생각에 빠졌다는 걸 알아채고, 그것을 중단하고, 다시 명상으로 돌아오는 것'에 있습니다.

명상을 통해 우리가 얻고자 하는 것은, 내가 지금 쓸모없는 생각을 하고 있고 거기에 끊임없이 빠진다는 사실을 알아채며, 그것을 끊고 돌아오는 거예요. 그렇게 꼬리에 꼬리를 무는 침투 사고가 나를 지배하지 않도록 계속해서 끊어내고 벗어나는 것입니다.

중립적인 생각에 집중하다가 다시 침투 사고로 도망가는 생각을 알아채고, 중단하고, 돌아오고, 또 다시 도망가는 생각을 알아채고, 중단하고, 돌아오고…. 그 과정을 끊임없이 반복하는 것이 명상입니다. 처음에는 어색하지만 이를 반복하다 보면 집중하는 시간이 점점 길어지고, 생각에 빠졌다가 다시 돌아오는 일도 수월해집니다. "중립적인 도구를 뭘로 정하면 좋을까요?" 제가 명상에 대해 이야기할 때 많이 받는 질문 중 하나입니다. 대표적으로 호흡을 말씀 드렸죠. 호흡은 우리가 쉽게 조절 가능하면서 긍정도 부정도 없는 중립적인 신체 행동이자 감각이기 때문입니다. 그런데 예를 들어 자주 숨이 차고 기침을 하는 천식 환자라면, 이런 사람에게는 호흡이 중립적인 집중할 거리가 아니에요. 호흡에 집중할수록 불편한 감각이 올라올 테니까요. 그러면 다른 것을 찾아야 하죠.

중립적인 도구 중에는 걷기도 있습니다. 다른 생각은 하지 않고 그저 걸으면서 발바닥의 감각에만 집중하는 겁니다. 그런데 관절염이 있거나 발바닥에 티눈이 나서 걸을 때마다 아프다고 생각해보세요. 그런 사람에겐 걷기가 중립적인 집중할 거리로는 안 맞는 거예요.

건포도 명상이라는 것도 있습니다. 건포도 한 알을 입안에 넣고 느껴지는 감촉과 맛에만 집중하는 거죠. 그런데 만약 내가 당뇨 환자예요. 그러면 혹여 혈당 수치가 올라갈까 봐 이 방법도 쓸 수 없죠. 결국 나에게 알맞은 중립적인 명상의 도구는 스스로 찾아야 합니다. 그러고 보면 어릴 적 할아버지께서 호두 두 알을 손에 쥐고는 끊임없이 만지작만지작 돌리곤 했던 기억이 나네요. 아마 할아버지는 손바닥에 느껴지는 호두알의 감각에 집중하면서 그것을 명상의 도구로 삼았던 게 아닐까 싶습니다.

생각 흘려보내기

중립적인 집중할 거리에 생각을 두면서 쓸데없는 생각을 끊어내는 명상에 익숙해졌다면, 그다음에는 생각을 흘려보내는 명상을 시도해볼 수 있습니다. 그냥 아무 생각도 안 하고 머릿속을 비우는 거예요. 흔히 '멍 때린다'고 하죠. 그 상태로 이런저런 생각이 흘러가도록 내버려두는 겁니다. 머릿속에 어떤 생각이 떠오르면 거기에 집중해서 생각을 이어가는 것이 아니라, 그냥 스쳐지나가도록 내버려두는 거예요.

예를 들어 문득 어린 시절에 동생과 싸웠던 기억이 떠올랐어요. 그럼 대개 당시 어떤 상황이었는지, 주위 어른들의 반응은 어땠는지, 내 감정은 어땠는지 등에 대해 집요하게 생각해내려 들어요. 그래서 수십 년 전의 일에 새삼 분노하거나 미운 감정을 품기도 하죠. 생각하다 보니 요즘 서먹하게 지내고 있는 동생에게 서운한 감정이 들기도 하고, 형으로서 제대로 챙겨주지 못해서 미안한 마음도 들어요. 그렇게 생각은 다시 복잡하게 꼬리를 뭅니다.

생각을 흘려보낸다는 건 머릿속에 동생과 싸운 기억이 떠올랐을 때, 그저 '그런 일이 있었지' 생각하고 마는 거예요. 다른 감정이나 생각을 보태지 않는 거죠. 어찌 보면 예전 TV 예능 프로그램에서 하던 게임과 비슷해요. 한 사람이 어떤 이야기를 하든 상대방은 '그랬구나'라고만 대답하는, 더 이상의 언급을 이어가지 않던 게임이었죠.

이는 중립적인 집중할 거리를 통해 생각을 끊어내는 것과는 좀 다른 방법입니다. '내려놓기'가 침투 사고를 다른 생각의 영역으로 돌려서 그것을 적극적으로 중단하려 애쓰는 방법이라면, '흘려보내기'는 그 침투 사고가 뭐든 신경 쓰지 않고, 어떤 상황에든 영향을 받지 않고 흘려보내는 거예요. 그러니 생각이 끼어들더라도 꼬리를 물지 않고 또 다른 생각으로 넘어가버립니다.

생각을 흘려보내는 명상을 할 때의 요령이자 팁이 있다면 그저 변화하는 것을 잔잔히, 멍하니 바라보는 거예요. 몇 시간 동안 모닥불만 하염없이 바라보는 '불멍'을 하거나, 물이 넘실대는 모습을 하염없이 바라보는 '물멍'을 하는 것처럼 말이죠.

그렇게 아무 생각 없이, 혹은 어떤 생각이 떠올라도 그냥 흘려보내며 가만히 있다 보면 재미있는 일이 생겨요. 내가 그저 이 세상을 둥둥 떠다니는 존재 같은 느낌이 들죠. 생각이 과거의 어떤 지점에서 미래의 어떤 지점으로 가기도 하고, 완전히 생뚱맞은 공상의 세계로 흘러가기도 합니다. 그렇게 지금 나를 붙잡아두고 괴롭게 하는 침투 사고에서 자유로워지고, 쓸데없는 생각으로 복잡했던 머릿속이 편안해지면서 휴식을 취할 수 있게 되죠.

내려놓고 비우는 명상에서 쓰이는 뇌의 영역과 흘려보내는 명상에서 쓰이는 뇌의 영역은 다릅니다. 하나는 생각의 집중이고, 다른 하나는 생각의 이완이거든요. 하지만 둘 다 우리 뇌를 쉬게 해준다는 공통점이 있어요. 또 내가 평소에 생각하지 못했던 그 어떤 것들이 떠오르도록 도와주는 효과도 있습니다. 우리는 명상을 통해 잠재력을 발견하거나 무의식이 발현되면서 이전에는 생각하지 못했던 창조성을 발휘하기도 합니다.

나를 채워 넣기

이번에 소개할 명상은 비워 내는 게 아니라 채워 넣는 명상입니다. 아니러니하죠. 명상은 복잡한 생각에서 내 생각을 어둡게 만들어 비우는 건데 이번에는 다시 채우라

니요. 단순히 내 복잡한 생각에 무언가를 더 집어넣으라는 뜻이 아니라, 건강한 생각과 감정을 내 마음 안에 가득 채워서 그 힘으로 내 마음속에 있는 부정적이고 쓸데없는 감정과 생각을 자연스레 밀어버리는 방법입니다.

건강한 감정의 예로는 용서, 연민, 사랑, 수용, 감사, 존중 등이 있어요. 명상법에 따라서 차이는 있겠지만, 저는 그중 그때그때의 상황에서 지금 나 자신에게 필요한 감정 한두 개만 정해 마음속 깊이 채워 넣는 방법을 권합니다. 내 감정을 전달하고 싶은 누군가를 떠올려도 좋고요. 이런 감정을 느낄 때 내가 어떤 기분과 생각이 드는지, 그 감정에 깊이 묵상합니다.

또 내가 건강한 감정을 누군가와 나눌 때, 상대에게서 되돌려받을 수 있는 긍정적인 감정을 떠올려봅니다. 그러면 침투 사고가 꼬리를 물면서 생기는 염려나 걱정은 밀려나고, 오히려 마음 안에 따뜻한 에너지가 차오르는 걸 느낄 수 있어요.

이렇게 긍정적인 감정으로 나를 채우면 부정적인 감정에 휘둘리지 않고 마음에 평온을 찾을 수 있습니다. 결국 건강한 휴식을 통해 에너지도 얻으면서 나 자신이 한층 더 나은 사람으로 성장한다는 것 또한 느끼게 되죠.

별것 아닌 것 같지만 최근에는 앞서 소개한 명상들을 포함해서 '채우기 명상'이 우리의 뇌구조에서 연결성을 보다 긍정적으로 바꾸고, 나아가 삶의 자세를 바꾼다는 연구 결과가 속속 나오고 있습니다.4 일상생활에서의 마음속 명상을 통한 건강한 휴식이 우리의 생물학적인 뇌구조까지 회복한다고 하니 놀랍죠. 우리가 사회적인 역할이나 일이 더 중요해서, 또 바쁘다는 이유로 우선순위에서 밀려났던 마음의 휴식이 사실은 그 무엇보다 우리 삶에 중요하다는 것을 새삼 깨닫게 됩니다.

명상에 대해 이야기하다 보니 문득 어린 시절의 할머니와 어머니가 떠오릅니다. 부모님 세대의 어머니들은 자녀를 위해서, 남편을 위해서 그리고 모든 가족 구성원을 위해서 새벽 기도를 가고, 공양을 드리고, 피정을 가는 등 저마다의 종교 영역에서 끊임없이 명상을 하곤 했어요. 그 명상에는 지금까지 소개한 명상의 세 가지 요소가 다 담겨 있었죠. 이처럼 종교를 통한 명상도 마음에 귀한 휴식이 될 수 있다는 점 또한 말씀드리고 싶습니다.

가끔은 도망치는 것도 괜찮습니다

내가 회사에서 주목받는 인재라고 가정해볼게요. 일처리가 뚝 부러지는 건 물론이고, 자기계발도 꾸준히 하고, 공부도 게을리하지 않아요. 게다가 눈치도 빨라서 상사의 의중을 빨리 알아채고, 주변에서 필요로 하는 걸 잘 챙길 줄도 알죠. 사내 평판이 좋은 건 물론이고, 경쟁사에서도 탐내는 인재예요. 능력을 인정받아 동기들보다 승진 속도도 빨라요. 주변 사람들로부터 잘한다는 소리를 자주 듣다 보니 스스로도 자신감이 넘쳐요. 그런 내 앞길은 탄탄대로일 것만 같았습니다.

시련은 갑자기 찾아온다

그런데 이런 나에게 예기치 못한 일이 생깁니다. 어느 날 새로 입사한 동료가 내 일을 자꾸 가져가는 거예요. 내가 한 일에 대한 성과를 가로채기도 해요. 상사가 나에게 줄 일을 자꾸 그 사람에게 맡기기도 하죠. 그리고 그 사람은 보란 듯이 그 일을 잘 해내고요. 이런 일이 몇 번 반복되더니 내 자리라고 기정사실화되어 있던 직책에 그 사람이 올라가요.

주변에서는 슬슬 이상한 말들이 나옵니다. 나를 항상 응원하며 당연히 승진할 거라고 격려해주던 사람들이 언젠가부터 내 눈치를 보더니, 그들과 뻘쭘한 관계가 되어버렸어요. 누군가는 내가 큰 실수를 해서 상사의 눈 밖에 났다는 말이 돈다며 걱정스런 이야기를 건넵니다. 한 번도 느껴본 적 없는 동정 어린 시선을 받으며 마음에 상처도 입습니다.

종일 신경이 곤두서 있다가 퇴근길에 이런 생각을 해요. '못 해먹겠다. 회사를 때려치워야 하나?' 그런데 막상 사표를 내자니 지금까지 열심히 일한 게 아깝기도 하고, 내가 잘못한 것도 없는데 코너에 몰려버린 지금 상황이 억울하기도 한 거예요. 이러지도 저러지도 못 한 채 막막

한 상태로 며칠을 보냅니다. 여러분이라면 이런 상황에서
어떻게 하겠습니까?

도망치는 것도 방법이다

여태까지는 지금 여기에 존재하면서 어려움에 맞서는
법에 대해 이야기했어요. 이제부터는 지금 여기를 잠시
벗어나야 하는 상황에 대해 이야기해보려 합니다.

내가 아닌 타인으로 인해 현실이 너무 고통스러울 때,
도무지 답이 보이지 않을 때는 지금 여기에 있는 것 자체
가 곤욕입니다. 그럴 때 무너지지 않으려면 일단은 피해
있어야 합니다. 내가 도저히 해결할 수 없는 문제로 피폐
해지고 있을 때 잠시 상황에서 벗어나는 것도 나쁘지 않
은 방법입니다.『손자병법』의 마지막 계책이 36계 줄행랑
이잖아요. 나를 괴롭게 하는 요소들이 주변에 널려 있으
니, 그것들로부터 일단 도망쳐 마음을 가다듬는 거죠. 우
리에게는 그런 재정비 시간이 필요할 때가 있습니다. 물
론 재정비를 하고 회복한 다음에는 다시 돌아와야죠.

도마뱀이 자기 꼬리를 자르고 도망치듯 물리적으로 그
자리에서 도망치는 것도 간단하고 좋은 방법입니다. 하지
만 사실 현실에서는 쉽지 않습니다. 뒤따르는 피해나 희

생도 만만치 않고요. 적극적인 피난이 여의찮다면 지금의 환경에서 이제까지와는 다른 모습으로 잠시 삶의 자세를 바꾸면서 소극적인 회피를 할 수도 있습니다. 그동안은 완벽주의로 남들보다 더 치열하게 나에게 주어진 역할을 해왔다면, 이제는 살짝 뒤로 물러서서 나의 완벽주의를 현저히 줄이는 거죠.

이럴 때는 다소 놓치는 일이나 실수가 있어도 되고, 일의 성과가 예전보다 떨어져도 괜찮습니다. 그동안 너무 완벽주의적으로 바쁘게 살아왔으니 이제는 속도를 늦추고 대외적으로는 소극적인 자세를 하면서 내 안에서는 삶의 루틴을 재정비하는 거죠. 다시 회복하기 위해 일부러 태업을 한다고 할까요. 물론 이 역시 훗날 내가 다시 열심히 살아가기 위한 준비 과정입니다.

우리는 때로 원치 않게 주변 사람들로부터 크고 작은 상처를 받기도 하죠. 내 잘못이 있을 수도, 억울하게 오해를 받을 수도 있고요. 그럴 때면 '열심히 사는 게 무슨 의미가 있을까?' 하는 회의감이 들기도 합니다. 이럴 때는 별도로 시간을 내어 낯선 환경과 사람들 사이에서 며칠만이라도 시간을 보내보길 권합니다. 좀 더 긴 일정이어도 좋습니다. 낯선 동네에서 걷기도 하고 생활도 해보는 거죠. 근처 가게에서 간단한 재료를 사서 음식을 만들어 먹기도 하고, 혼자 카페에 앉아 다른 사람들은 어떤 모습으로 어떻게 살고 있는지 그저 바라보는 겁니다. 그렇게 그간 내 삶을 지배했던 환경에서 벗어나 낯선 환경에 나 자신을 있는 그대로 두고 살아보는 거죠.

그러면 자연스레 시야가 넓어지면서 인생을 바라보는 관점도 넓어집니다. 그간 회사라는 작은 환경에서 골몰하며 쌓인 생각의 찌꺼기가 조금씩 씻겨나가죠. 그렇게 자신을 바라보는 생각이 달라지면서 마음의 상처도 조금은 회복이 되고, 문제에 대한 해결책도 보이고, 앞으로 삶을 살아갈 방향도 잡을 수 있습니다.

낯선 상황에 스스로를 몰아넣기

사회로부터 심한 상처를 입고 자신의 정체성에 대한 혼란을 느낀다면 더 적극적으로 현실을 벗어나보는 것도 괜찮습니다. 잠시 모든 걸 멈추고 산티아고 순례길 걷기나 남미 트레킹, 인도 여행 등 평소 하기 어려웠던 장기 여행에 도전해보는 거죠. 가까운 사람과 함께여도 좋고, 혼자여도 좋습니다.

또는 일정 기간 동안 꾸준히 준비해서 마라톤 대회나

철인 3종 경기, 사이클 경기에 도전해보는 것도 한 방법입니다. 즉 예측할 수 없는 상황에 상당 기간 스스로를 던져보는 거죠. 그전까지는 예측 가능한 결과물을 만들어내기 위해 완벽주의 안에서 어떻게든 아등바등 살아왔다면, 이제는 순순히 야생에 나를 맡겨 '인생이란 내 마음대로 되지 않지만, 그렇게 살아가는 게 자연스러운 일이구나' 하는 것을 몸으로 경험하는 거예요.

완벽주의는 안정주의와 통하는 면이 있어요. 완벽해지려면 우리 일상이 어때야 할까요? 오차 없이 안정적이어야 해요. 내가 통제하고 계획하는 대로 만사가 흘러가야 완벽주의를 유지할 수 있습니다. 그러다 보니 삶이 평이해져요. 반면 작은 돌발 변수만으로도 휘청이죠.

그래서 내일을 예측할 수 없는 환경으로 들어가보길 권하는 거예요. 내가 그동안 얼마나 답답하게 살았는지 깨닫고, 문제에 유연하게 대처할 수 있는 사람이 되어보는 겁니다. 또 늘 목표 달성을 위해 완벽해지려 노력했던 사람들은 이런 경험을 통해 회복 가능한 실패를 경험할 수 있어요. 사회생활에서의 실패는 돌이킬 수 없지만, 일상생활에서 겪는 작은 실패는 충분히 회복 가능하잖아요. 작은 실패를 통해 담력을 키우는 거죠.

저 역시 일이 계획대로 되지 않아 정말 괴로웠던 적이 있습니다. 대학교수로 국가와 지방 예산으로 운영되는 프로젝트 사업을 하고 있었던 때였습니다. 그런데 어느 날 갑자기 예산 삭감이 되어 프로젝트 사업이 중단되었으니 사직을 하라는 거예요. 2년가량 일하던 병원에서 2주도 안 되어 짐을 싸서 나와야 했습니다. 처음에는 당혹스럽고 화도 나고 억울했죠. 그간의 노력이 물거품이 된 것 같고, 그냥 앞으로는 열심히 살지 말아야겠다는 마음이 들기도 했습니다.

여러 고민을 했지만 일단 다음 프로젝트 사업을 진행할 때까지 몇 개월을 실직한 채로 쉬어야 하는 상황이 되었습니다. 그렇게 사회적으로도 상처를 받고 스스로도 어떻게 해야 할지 혼란스러운 상황이었는데, 정말 우연히 누군가 인도 여행을 권하더군요. 처음에는 이 상황에 무슨 여행인가 싶었는데, 어느 순간 정신을 차려보니 홀린 듯이 인도에 가고 있었습니다.

혹시 인도의 캐치프레이즈를 알고 있나요? 한때 우리나라의 캐치프레이즈는 역동적인 한국이라는 의미의 '다이내믹 코리아Dynamic Korea'였죠. 인도는 '인크레더블 인디아Incredible India'입니다. 무엇도 예상이 되지 않는 놀라운 나라인 거죠. 아니나 다를까 여행은 내 마음대로 흘러가는 일이 거의 없었고, 돌발과 놀라움과 사건 사고의 연속이었습니다. 그러다 어느 순간 깨달았죠. '아! 사람들은 이렇게 불확실한 환경에서도 나름의 방식을 가지고 의미와 가치를 추구하면서 잘 살아갈 수 있구나.'

그러고 나니 어느 순간 한국에서 제가 겪었던 여러 일들이 물론 힘들긴 하지만 그렇다고 내가 앞으로 못 살아갈 만큼 절망적이진 않다는 생각이 들더라고요. 그렇게 한국으로 돌아와서 다시 내가 할 수 있는 역할을 찾아 수습하며 치열하게 살아갈 수 있었습니다.

때로는 도망치는 것이 도움이 될 때도 있습니다. 그럴 때는 해결되지 않는 문제에 갇혀 혼자 좌절하고 괴로워하기보다 잠시 일상을 벗어나 시야를 넓혀 내 삶을 다시 바라보는 자세가 필요해요. 절대 주저앉지 말고, 다른 환경으로 자신을 내몰고, 스스로를 다잡아 되돌아올 계기를 만들어야 합니다. 스스로 무너져 내리지만 않는다면 죽으라는 법은 없습니다.

좌절 속에서도 끝까지
살아낸다는 것

정신분석은 우리 마음 저 깊은 곳의 무의식을 탐구하는 학문으로, 정신의학의 꽃이라고도 할 수 있습니다. 그런 정신분석학에는 전통적으로 크게 두 명의 기둥이 있죠. 한 사람은 지그문트 프로이트이고, 한 사람은 카를 구스타프 융입니다. 그중에서도 융은 자기 스스로 깊이 있는 내면 탐구를 한 학자로 유명합니다. 무려 6년간 자신의 무의식과 대화를 이어나갔어요. 물론 이 이면에는 융이 무의식으로 숨어들 수밖에 없던 사회적인 상처가 있었습니다.

내 마음속의 나와 대화하는 시간

정신분석의 창시자로 이미 저명한 정신분석가였던 프로이트와 달리 융은 원래 조현병 전문가였습니다. 그 분야에서는 이미 저명한 업적을 이루었지만, 정신분석 분야로 옮겨온 뒤에는 아무래도 프로이트보다 후발 주자였죠. 말하자면 융은 프로이트의 정신분석 후배인 셈이에요.

하지만 프로이트는 융을 정신분석가로서 다른 누구보다도 인정했습니다. 일례로 정신분석학회가 창설될 때 프로이트가 종신 회장으로 융을 추대할 정도였으니까요. 다른 정신분석학자들의 반대로 융은 1910년 결국 임기가 정해진 회장직을 맡게 되었지만, 이때부터 주변 학자들에게 암묵적으로 견제와 질투의 대상이 됩니다.

그런데 문제는 프로이트와 융 사이에 갈등이 생긴 거예요. 프로이트는 정신분석에서 입지를 다져가는 융이 자신의 권위에 일정 부분 위협을 가하고 있다고 느꼈고, 둘은 정신분석에 대한 의견에 있어서도 부딪히기 시작했어요. 프로이트는 개인의 무의식을 강조했는데, 융은 집단의 무의식을 주장했거든요.

이렇게 둘은 서로 생각이 달랐기에 마주칠 때마다 크고 작은 갈등이 생겼어요. 1913년, 결국 프로이트는 융에게 일방적으로 결별을 선언합니다. 그러자 가뜩이나 그간 융에게 아니꼬운 감정을 가지고 있었던 사람들이 모두 프로이트 편에 서서 융을 비난했어요. 한두 명 빼고 모두 융과의 관계를 끊어버릴 정도였습니다.

동료들로부터 버림받은 융은 38세의 나이에 칩거를 시작했습니다. 마음에 크나큰 상처를 입은 거죠. 일도 하지 않고, 사람도 만나지 않고, 집 밖에도 나가지 않은 채 방에만 틀어박혀 있었어요. 사회와 완전히 단절되어버린 거죠. 주변 사람들이 말하길, 당시 융은 자살 시도를 동반한 조현병 수준에까지 이르렀다고 합니다. 그렇게 융은 혼자만의 환경에서 6년 동안 자신의 마음 저 깊은 곳, 무의식의 바다를 탐험하기 시작했어요. 그러다가 자기 안에서 무의식의 결정체인 '빌레몬'을 만났죠.

빌레몬은 실존 인물이 아닌, 융이 어릴 적부터 상상하던 현자였습니다. 융은 무의식의 공간에서 그와 대화하며 자신뿐 아니라 모든 인간의 마음 깊은 곳에 있는 갈등과 대면하고, 빌레몬과 끝없는 대화를 이어갑니다.

나를 뿌리부터 흔드는 위기가 찾아올 때

융은 빌레몬과의 대화를 통해 갈등의 근본적인 원인을

248

탐구했고, 그 내용을 휘갈겨 기록했습니다. 그리고 이것을 '블랙 북Black Books'이라고 명명했어요. 융이 아니면 알아보지 못할 정도로 글씨나 내용이 엉망진창인 기록이었죠. 그렇게 융은 6년이라는 긴 어둠의 바다를 건너 방을 나온 다음, 16년에 걸쳐 블랙 북에 적힌 내용을 재정리하여 자신의 정신분석 이론을 정립합니다. 그 결과물이 바로 그 유명한 『레드 북Red Book』입니다. 이 책은 정신분석가들 중에서도 일부만 볼 수 있었다가 2009년에서야 대중에게 출간되었어요.

제가 정신분석학자의 계보를 읊기 위해 프로이트와 융의 이야기를 한 것은 아닙니다. 누구나 마음의 좌절을 겪을 때 다시금 나의 정체성을 찾고 회복하기 위해 융처럼 자신의 마음 저 깊은 곳의 어둠, 무의식의 바다를 탐험하게 될 수 있다는 것을 이야기하고 싶었어요.

너무나 큰 상처를 받았을 때, 부정적인 감정이 끊임없이 솟구칠 때, 다시 타인과 어울릴 자신이 없고 삶의 의미와 가치를 다 잃었을 때, 우리는 마음속에 있는 어두운 곳으로 침잠하게 됩니다. 도저히 살아갈 힘이 없는데 그렇다고 포기할 수는 없으니 그냥 내 안 저 깊은 곳으로 도망치는 거예요. 삶에 크나큰 시련이 찾아오면 아무리 건강한 사람이어도 누구나 다 그럴 수밖에 없습니다. 마음속에서부터 무너지는 이런 상황은 누구에게나 찾아올 수 있어요.

하지만 끝도 없는 우울의 강에 빠져 한없이 허송세월할 수만은 없습니다. 우리는 현실에서 도망쳐 깊은 어둠 속으로 숨어들더라도 끊임없이 나 자신을 바라봐야 합니다. 그것이 융이 빌레몬과 대화를 통해 사람들 안에서의 자기 자신을 탐구하며, 심연의 어둠에서 벗어나 다시금 현실로 돌아올 수 있었던 과정이거든요. 이렇게 내 마음속 상처를 마주하고 그것과 대화하며 문제의 근본을 찾아야 하죠.

일이든 성격이든 습관이든 인간관계든 오래 풀리지 않았던 인생의 숙제에 대해 진지하게 고민하고 다시금 일어설 수 있는 인생의 해답과 에너지를 얻는다면, 깊은 고민의 시간은 결국 성장의 계기가 될 것입니다. 고갈된 삶을 심폐소생술 하듯 그 과정은 괴롭고 아프겠지만, 이 시간 역시 다시금 일어서기 위해 에너지를 불어넣는, 우리 인생에 반드시 필요한 휴식의 시간입니다. 이 휴식이 의미를 가지기 위해서는, 결국 내가 있어야 할 곳으로 다시 돌아오겠다는 의지와 회복을 위해 마음속에서 치열하게 분

투하는 노력, 이 두 가지가 반드시 필요합니다.

마음속 깊은 곳에 있는 존재

한자에서 나 자신을 의미하는 아$_{我}$ 자는 손$_{手}$ 옆에 창$_{戈}$을 그린 모습입니다. 창 하나를 땅에 꽂아놓고 그것을 손으로 붙잡고 있는 모습은 위태로워 보이기도, 날카로워 보이기도 합니다.

심지어 내가 맨손으로 그 창의 날카로운 날을 잡고 있다면 어떻게 될까요? 손에 상처가 나며 아프고 괴로울 거예요. '나'를 뜻하는 글자가 창을 손으로 잡고 있는 모습이라니 의미심장합니다. 내가 나로서 살아가는 과정에서 내게 가장 큰 상처를 주는 건 바로 나 자신이라는 의미로 읽히기도 합니다.

앞서 융이 괴로움에 못 견뎌 6년간 칩거했다고 했죠. 스스로 땅굴을 파고 들어가 그 안에서 웅크리고 지낸 거예요. 그 과정에서 얼마나 스스로 생채기를 내고 치유하기를 반복했을까요? 스스로에게 실망하고 상처를 주고 좌절하는 일도 반복했을 겁니다. 그러다가 상상의 현자 빌레몬을 만나 그와 대화하면서 결국 긴 어둠의 고통에서 벗어났을 때는 또 얼마나 안도했을까요? 아마 그때 융은 진정한 자유를 느꼈을 거예요.

누구든 인생에서 한 번은 스스로 큰 상처를 입고 자신의 마음속으로 숨어 들어가는 경험을 할 순간이 올 거예요. 누구든 치열하게 내 인생을 살려고 하다 보면 처음 상처의 원인이 밖에 있었다 하더라도 결국엔 자기 스스로에게 상처를 주면서 말이죠. 그리고 이때 내 마음 저 깊은 심연에서 나를 다시금 일으켜 세워줄 그 누군가가 필요합니다. 상처입고 좌절한 나에게 삶의 의미와 가치를 되찾게 만들어줄 그 누군가 말이죠. 융의 마음 깊은 곳에 현자 빌레몬이 있었듯 말이에요.

이것이 바로 회복탄력성의 기반입니다. 내가 막다른 길에 다다라서 좌절하고 포기하고 싶을 때 다시금 일어설 수 있도록 하는 내적인 힘이죠. 융에게는 현자 빌레몬이 있었듯 우리는 '그 누군가'를 마음속에 두고 있어야 합니다. 언젠가 힘없이 쓰러졌을 때 그 누군가를 떠올리며 다시 일어설 수 있도록 말이죠.

제게 그 누군가는 몇 해 전에 돌아가신 할머니입니다. 앞에서도 이야기한 바가 있죠. 저희 할머니는 선교사의 아내로 한평생을 사셨는데, 돌아가시기 1년 전부터 자는 시간과 식사 시간을 빼고는 책상 앞에 반듯이 앉아 성경을 필사했어요. 생을 마무리하는 그날까지 그것을 본인의 소명으로 여기신 듯해요. 아마 가족을 위해 끊임없이 기도하는 마음으로 성경을 필사하셨겠죠.

만일 제가 깊은 고통과 좌절에 빠진다면, 저는 제 마음 저 깊은 심연의 어둠 속에서 할머니를 찾을 거예요. 그리고 할머니에게 내 마음의 좌절감과 억울함, 화, 분노, 서러움을 털어놓겠죠. 분명 할머니는 저를 꼭 안고 위로해줄 거예요.

'괜찮아. 그간 정말 열심히, 할 만큼 다 했잖니. 그리고 이 할머니는 너의 순간순간을 항상 함께하고 있단다. 그러니 어떤 순간에도 혼자라고 생각하지 말렴. 지금도 앞으로도 나는 너를 위해 항상 기도하고 있단다.'

저는 마음 깊은 곳에서 할머니와 이런 대화를 나누며 다시금 일어설 수 있는 에너지를 충전하고, 제가 향해야 할 방향을 찾아갈 겁니다.

무의식 속 현자, 그 누군가의 존재는 저마다 다 다를 겁니다. 누군가에게는 종교적 신神이, 누군가에게는 특정한 가치가, 누군가에게는 가족이 현자가 되어 내 속이야기를 들어줄 거예요. 우리가 그 누군가를 잊어버리거나 소홀히 대하지 않고 마음속에 소중히 간직하기만 한다면 말이죠.

나도 누군가의 현자가 되어주기

그리고 우리가 내 마음속 그 누군가를 통해 인생의 위기를 극복했다면, 나도 다른 누군가에게 그 누군가가 되어주는 것도 필요합니다. 당장 할 수 있는 일은 결코 아니지만 우리가 사회적으로 건강한 영향력을 추구하고 시련을 극복하며 살아가다 보면, 결국 인생에 성취는 남습니다.

그렇게 삶을 살아내다 보면 내가 누군가에게 받은 것처럼 나 역시 타인의 마음속에 희망과 가치라는 씨앗을 남기고, 그의 마음 깊은 곳에 '그 누군가'로 남을 수 있지 않을까요? 그렇게 생각하면 지금의 치열한 삶의 과정도 타인의 성장을 도우면서 나도 성장할 수 있는 기회이니 얼마나 행복한 일인가요?

저는 오랜만에 진료를 온 분께 종종 이런 말을 듣습니다. 정신과 의사로서는 정말이지 행복한 순간이지요.

"정말 오랜만에 선생님을 뵙네요. 그간 너무 오고 싶었는데 바빠서 틈을 낼 수가 없었어요. 중간에 힘든 일도 많았어요. 그런데 그럴 때마다 지금 선생님에게 찾아가면 '선생님이 나에게 뭐라고 이야기할까'를 떠올렸어요. 그러면 마음속에서 선생님이 이야기를 해주는 것 같아서 그 힘으로 견딜 수 있더라고요. 그러니까 오늘 오랜만에 선생님을 만나지만, 저는 마음속에서 항상 선생님과 함께 있었던 것 같아요."

이런 말을 듣는 순간, 저는 환자의 마음속 빌레몬이자 제 할머니 같은 '그 누군가'가 되는 거죠. 저 같은 전문가가 아니어도 누구나 다른 사람의 '그 누군가'가 되어줄 수 있습니다. 그건 얼마나 실질적인 도움을 주느냐보다 내 마음의 진심이 상대에게 얼마만큼 전달되느냐에 달려 있습니다. 가까운 사람이 어렵게 속이야기를 꺼낼 때, 진심을 다해 듣고 그 사람을 위하는 마음으로 대화를 나누는 거예요.

물론 그 관계 속에서도 작고 사소한 상처가 있을 수 있겠죠. 그렇더라도 점차 관계가 쌓이는 게 중요합니다. 별것 아닌지 모르겠지만 그 진심 어린 관계를 꾸준히 이어나갈 때, 상대방은 우리의 마음을 자신의 마음속으로 가져가서 힘들 때마다 붙잡을 수 있는, 진정 어린 마음의 조언자로 삼을 수 있어요.

혹시 '나는 가진 것도 없고 내세울 것도 없는, 별 볼 일 없는 사람이야'라고 생각하고 있나요? 나 자신이 열매도 잎도 없이 쓸모없는 앙상한 나무처럼 느껴질 수도 있어요. 이는 내가 가진 기준 탓일 수 있습니다. 내가 가진 창이 나를 날카롭게 할퀴고 있는 것처럼 말이죠. 오히려 사회적인 넓은 시선으로 나를 바라보면, 나는 뿌리가 단단하고 줄기는 튼튼한, 다른 누군가에게 도움이 되는 유용한 목재입니다. 그것을 규정하는 건 타인이 아니라 내가 내 마음을 어떻게 다잡느냐에 있습니다.

그런 의미에서 저는 우리 부모님 세대에게 한 가지 부탁을 하고 싶습니다. 은퇴 이후에도 어느 자리에서 어떤 일을 하든, 아무리 작은 일이라도 계속 해가면서 이런 일이 나 자신에게 그리고 사회적으로도 의미 있고 가치 있음을 젊은 세대에게 몸소 가르쳐주었으면 합니다.

우리 사회는 부모님 세대의 치열한 노력으로 오늘날의 경제적 성장을 이루었습니다. 대신 때로는 그 치열함이 젊은 세대로 하여금 경쟁에서 어떻게든 살아남아야 성공한 인생이라고 말하는 듯합니다. 실패하거나 좌절했을 때 붙잡아야 할 작은 일에 대한 가치를 폄하하게 만들기도 하죠.

인생의 여러 부침 속에서도 그저 묵묵히 내가 할 수 있는 일을 해나가고, 작은 일에서도 충분한 삶의 성공을 찾을 수 있다는 걸 젊은 세대는 부모님 세대를 바라보며 배울 수 있다고 생각합니다. 그러면 지금의 세대가 지나치게 완벽주의를 추구하다가 넘어졌을 때, 좌절하지 않고 작은 일부터 다시금 시작하며 일어서는 법을 자연스레 터득할 수 있지 않을까요?

결국 단단한 나를 만드는 마음 루틴의 마지막은 그 어떤 상황에서도 삶의 시선을 넓혀서 나의 진정한 가치를 찾아내는 것입니다. 나 자신의 좁은 시각 혹은 편향된 시각으로 스스로를 '부족하다', '가치 없다', '보잘것없다'고 규정하지 않아야 합니다. 오히려 그 어떤 상황에서도 지금 현재 할 수 있는 어떤 역할이든 붙잡아 이어가는 모습이 누군가에게는 희망을 만들어줍니다.

이 희망은 거창한 데서 비롯되는 게 아닙니다. 그저 하루하루 주어진 일을 꾸준히 찾아서 해나가는 부모님을 통해, 돌아가시는 날까지 성경을 필사한 할머니를 통해, 그저 늘 기도하는 삶의 자세로 주어진 삶을 마지막까지 살아낸 누군가를 통해, 우리는 절망밖에 보이지 않는 상황 속에서도 희망을 찾을 수 있습니다.

그렇게 우리 삶은 '끝까지 살아내는 것'입니다. 결국 우리는 이 결과에 다다르기 위해 지금까지 달려왔는지도 모르겠습니다. 삶의 리듬을 무너뜨리는 주변의 공격으로부터 일상의 중요한 루틴을 지켜내고, 복잡한 인간관계 속에서 스스로를 보호하면서도 관계를 이어가고, 휴식과 명상을 통해 마음의 에너지를 끊임없이 쏟아부으며 고갈되지 않도록 유지하고, 예기치 않은 삶의 크나큰 좌절을 겪어 설령 마음 저 깊은 곳으로 도망치더라도 나를 가다듬고 희망을 찾아 삶의 자리로 돌아와 다시금 치열하게 살아내는 것. 그 과정이 쌓이고 쌓여 우리는 나 사신을 지켜줄 든든한 자존감을 만들어갈 수 있습니다.

이렇게 오랜 기간 겹겹이 쌓아 올린 자존감은 웬만한 비바람에도 무너지지 않고 견고히 버텨내는 나를 만듭니다. 그리고 그렇게 살아가는 우리의 모습을 바라보며 우리 다음 세대도 희망을 가지고 살아낼 테죠.

불안으로 가득 찬 이 세상이지만, 우리는 모두 지금 여기에서 나 자신으로 우뚝 선 채 의지적으로 노력하며 살아가고 있습니다. 그렇게 내 나름의 삶을 꿋꿋하게 꾸려나갈 수 있도록 '일상'과 '관계'와 '마음'의 루틴을 꾸준히 잡아가면서 말입니다.

미주

1   Bian, Zilong, et al. "Healthy lifestyle and cancer survival: A multinational cohort study." *International Journal of Cancer* 154.10 (2024): 1709-1718.

2   Jin, Qiman, et al. "Association of sleep duration with all-cause and cardiovascular mortality: a prospective cohort study." *Frontiers in public health* 10 (2022): 880276.
    Svensson, Thomas, et al. "Association of sleep duration with all-and major-cause mortality among adults in Japan, China, Singapore, and Korea." *JAMA network open* 4.9 (2021): e2122837-e2122837.

3   Li, Yuzhu, et al. "The brain structure and genetic mechanisms underlying the nonlinear association between sleep duration, cognition and mental health." *Nature Aging* 2.5 (2022): 425-437.

4   Treadway, Michael T., and Sara W. Lazar. "Meditation and neuroplasticity: Using mindfulness to change the brain." *Assessing mindfulness and acceptance processes in clients: Illuminating the theory and practice of change* (2010): 186-205.

할 일은 많지만
아직도 누워 있는
당신에게

초판 1쇄 발행 2025년 3월 19일
초판 3쇄 발행 2025년 5월 2일

지은이 이광민
펴낸이 최순영

출판1 본부장 한수미
와이즈 팀장 장보라
편집 장보라
디자인 this-cover.com

펴낸곳 ㈜위즈덤하우스 **출판등록** 2000년 5월 23일 제13-1071호
주소 서울특별시 마포구 양화로 19 합정오피스빌딩 17층
전화 02) 2179-5600 **홈페이지** www.wisdomhouse.co.kr

ⓒ 이광민, 2025

ISBN 979-11-7171-390-5 (03180)